元NO・1外資系コンサルタントが教える

# 逆説の思考

菅 正至

SOGO HOREI PUBLISHING CO., LTD

# はじめに

経営に関して〝常識〟として定着している事柄は多い。そして、それらを無批判に受け入れている経営者やビジネスパーソンも多いという事実がある。

しかし、これまで〝常識〟と考えられてきた事項も、いったんは自らの「思考」で検証していかねばならない時代となった。なぜなら、常識を支えている前提条件がここに来て急速に変化しているからである。前提条件が変われば、10年前の常識が今日の常識とは言えなくなってきているのだ。やはり、常識を自らの思考で再検討し、そこからなんらかの気づきを得ていかねばならない。

「錯視絵」というものがある。一見「渦巻き」にしか見えないが、線を辿ってゆくと「同心円」となる。この線をたどっていく作業が「思考」なのである。つまり、「思考」と「気づき」がなければ、真実は決して姿を現すことはないのだ。

本書はビジネスや経営に関してある程度の知識と思考力を持っている読者を対象としている。本書を読めば、ビジネスの生命線は決して知識ではなく、「思考」と「気づき」だということが理解できると思う。ビジネスに関わる経営者およびマネジャー層にとって一番大切なことは、日々の「思考」を通じてなんらかの「気づき」を得ることである。なんの「思考」も「気づき」もなく、常識を受け入れることは危険である。

したがって、本書は「経営」や「ビジネス」を多面的に見ていただくために、様々な難解なテーマをコラム形式で記述している。難解な概念を平易に解説するための便宜である。

「気づき」とは、他人から教育されて得るものではなく、自らの「思考」に基づいて自然に心に湧き起ってくる知恵の習得である。他人からの知識習得ではなく、自らの確信であるために心の中で堆積していくものである。これは、物事に対処する際に多面的な思考ができることを表していると言っていい。そして経営常識にとらわれない真実の確信に至るわけだ。

しかし、この「気づき」は、その性質上、他人が教育できない領域の知である。いろいろな「気づき」を得るには、様々な経験や長い年月が必要であろう。また、「気づき」を得る良い機会に恵まれる人もいれば、一生涯ほとんど「気づき」を得ることのない人がいるのも事実である。「気づき」の少ない人は「思考」の訓練ができていない人ではないだろうか。

私はどうしたら「気づき」を提供できるのかということを長年考えてきた。そして自身の限られたビジネス経験だけでは、十分ではないとの確信を持つに至った。やはり、一人ひとりが異質な「思考」に触れ、自ら「思考」することが大切だと思い始めている。

そこで、本書ではいろいろな経営課題を様々な視点で述べることにした。すべて私の独断と偏見に満ちた内容かもしれない。したがって、読者においては、必ずしも私に共感する必要はない。本書は必ずしも読者の共感を求めることを目標に執筆されていないからだ。なんらかの課題を発することで、読者の「思考」は刺激され、新たな「気づき」が生まれる。弁証法的により優れた「気づき」が生まれることを期待した本なのである。要するになにか「考えるネタ」を提供したかったのである。言うなれば、池に石を投げて波紋を作る作業かもしれない。

思考が現実を作る！　だから、思考が変われば世界も変わる！　多くの成功した経営者が「思考」がもっとも大切だと言っている。いくら努力をしても、的確な「思考」による「気づき」のない努力は報われないものである。多面的な思考の訓練をする必要はここにある。ビジネスで成功するのに必要なのは努力ではない。「思考」をする力による「気づき」なのである。つまり、思考が利益の源泉なのである！

本書は5章に分けられているが、77項目には相互に関連性はなく、どこから読んでも良いようにした。各項の見出しを見て興味のあるところから読んでいただければと思う。もし私の考えに反発する部分があれば、読者の中でどのような違和感を持ったのかを構造的に考えてもらいたい。そうした思考作業を通じて新たな「気づき」が生まれるものである。逆に言えば、本書に100%共感する人はそもそも考える力のない人かもしれない。筆者の感覚から言えば、60%ぐらい共感する部分があれば、成功だと思っている。

「気づく」というのは、事物に対して洞察ができるということだ。この能力を身につければ一生涯にわたり、消えることはない。心理学でよく使われる「隠し絵」は複雑怪奇な絵の中に動物などが隠れているが、よほど丹念に見ないと見えてこない仕掛けだ。しかし、いったん、どこになにが隠れているのかがわかれば、次回からその絵を見るとき隠されていたものが自然に目に飛び込むようになる。私は、これが「気づき」の正体であると思っている。

本書という絵の中から、隠されている事物を発見してもらえれば幸いだ。それが仮に常識としては逆説的であっても、真実の姿なのである。

# 目次



## 第1章　経営の本質に関する思考と気づき

## 第2章 経営のメカニズムに関する思考と気づき

## 第3章 ヒトの心に関する思考と気づき

## 第4章 マーケティングに関する思考と気づき

## 第5章 思考が変われば、目の前に広がる世界も変わる！

装丁　吉岡俊司（エヌワイアソシエイツ）
カバー写真　caracterdesign/Vetta/Getty Images
本文DTP　横内俊彦
出版コーディネート　小山睦男（インプルーブ）

【第1章】

# 経営の本質に関する思考と気づき

# 01 「西洋的経営」と「東洋的経営」を状況に応じて使い分ける

かつて、経営慣行におけるベンチマークスタディが流行ったことがある。優良企業と停滞企業の経営慣行を比較し、**「なにが企業としての成功要因であるか」**を探る手法である。

要するに、「儲かっている会社のマネをすれば、ウチの会社も儲かるに違いない」ということで、**「なにが儲かる要素なのか」**を問うわけである。

私もこれまでこの種の調査を数多くやってきた。しかしながら、こうした調査手法に対し西洋的な論理にもとづく短絡思考を感じたことが何度もある。

たしかに優良企業と停滞企業の経営慣行の差異を分析的に捉えるのは無意味なことではない。しかし、本当に業績の差が個々の企業の経営慣行の差に起因しているかどうかは、はなはだ疑問である場合が多い。なぜなら、この種の調査には「業績の差は目に見える経営慣行の差にある」という、いかにも西欧的な発想にもとづく前提があるからだ。

ベンチマークスタディと発想は同じだが、「なにが企業の優劣を分けているのか」という問いを私も常にしてきた。そして、数多くの企業と接しているうちに、次のようなことを感じている。

すなわち、儲かっている企業と儲かっていない企業の差は、その**経営慣行における「循環」のあり方の差**ではないか。日常でも「悪循環、好循環」という言葉をよく使うが、企業の中でも、さまざまな経営慣行が相互に関連し、ひとつの「循環」を作っている。

ただし、この循環は決して目に見えるものではなく、経験的かつ感覚的にとらえられることが多い。また、こうした「循環」は企業の中のいろいろなレベルで存在するように思える。これは「**企業の中に良い循環を作り上げることがマネジメントの基本である**」という発想である。わかりやすく言えば、「**経営のつぼどころを押さえれば、すべての循環は好転していく**」という考え方である。

こうした「循環」をとらえて企業体質を変化させるという考え方は、ベンチマークスタディが西洋的発想なのに対し、きわめて東洋的発想であると言える。ちょうど西洋医学の〝局所的手術〟と東洋医学における〝鍼《はり》治療〟ぐらいの差がある。
西洋医学では、胃が悪ければ胃薬を与え、肝臓が悪ければ肝臓の薬を与える。しかし、副作用のない薬はないことは留意したい。

ここでは、ベンチマークスタディを西洋的発想、経営慣行の「循環」を東洋的発想ととらえているが、実は私はどちらも否定するつもりはない。状況に応じて二つを使い分けていく必要が当然あるだろう。

ただ、ここで強調したいのは**〝常に二つの面からものを見る必要性〟**である。ベンチマークスタディ的な見方は、目に見えるものであるからとらえやすい。しかし、これにとらわれると、優良企業の戦略や制度を自社に無批判で採用しかねない危険があるように思える。

最後に、経営慣行の「循環」などといったものは、目に見えない机上の空論であると思われる方もおられるかもしれないが、経営ということ自体が目に見えないものとの格闘だと私は思っている。

# 02
# “論理”と“心”が伴った経営が求められる時代

かつてクライアントに対して全社一斉の経営課題調査を行ったことがある。クライアントの社員が普段どのようなことを課題と感じているのかという意識調査の意味もあり、参考となる答えが多くあった。ここでは「**経営課題**」と「**経営戦略**」について考えてみたい。

我々は、日常において無意識に「課題」とか「問題」という言葉を使っている。しかし、日常の事項で無意識に何気なく使っている言葉も、経営においては論理的・分析的にとらえることが必要である。

一般に**「課題」とは、「現状」と「あるべき姿」の乖離《かいり》である**と説明される。我々が「課題」を感じるときは、無意識に「現状」と「あるべき姿」を想定しているのである。

したがって、**「あるべき姿」をどう描くかによって、「課題」は相対的に変わっていく**ものである。

たとえば、走るのが遅い人がいたとする。もし、この人が健康に歩ける足があれば十分だと思えば、「課題」はまったく存在しない。しかし、その人が陸上の選手にどうしてもなりたいと思っているのであれば、これは大きな課題である。すなわち「あるべき姿」が異なることによって「課題」のあり方も大きく変わってくる。

冒頭の経営課題調査においても、社員一人ひとりが会社として「あるべき姿」を想定して「課題」を提起したわけである。したがって、「課題」がどのように取り上げられているかを見ると、逆に社員がどのような「あるべき姿」を想定しているのかがわかり、興味深い。

ところで、「課題」を抽出する意義は、具体的に「課題」の解決を図ることでいっそう明確となる。そして、この課題を埋めようとする行動こそがいわゆる「戦略」である。したがって、企業の戦略を立てる基本的なプロセスは、**①現状把握⇓②「あるべき姿」の決定⇓③「課題」の抽出⇓④「課題」を埋めるための戦略策定**、の順になる。

しかしながら、経営の観点でこのプロセスを考えると、一つの壁に突き当たる。それは、経営資源の壁である。どのようなことかと言えば、**自社の経営資源を超えたところに「あるべき姿」を描いたとしても、解決可能な「課題」は抽出できない。**もっとわかりやすく言えば、街の零細自動車修理工場がトヨタ自動車のような巨大企業を「あるべき姿」として描いても、解決可能な「課題」を抽出することはできないわけである。

こうしたことから経営においては、常に戦略が経営資源に制約されるということになる。つまり、**有効な戦略策定のためには、経営資源の枠内で具体的な戦略を立てなければならないの**である。ここに戦略を策定する際の難しさがある。

しかしながら、こうしたことは経営資源を超えた目標である「企業ビジョン」や「夢」を否定するものではない。なぜなら、「企業ビジョン」や「夢」は、暗闇に光る一条の燭光《しょっこう》のごとく戦略の方向性を決めてくれるからである。着実に足元を見ながらも、光を目指すことが大切であることは言うまでもない。進む方向が定まらないまま足元だけを見て歩くことが、いかに危険かは容易に想像がつく。

**論理的に策定された戦略も、非論理に導かれた「企業ビジョン」と一緒になって、はじめて意味を持つ**ことに留意したい。**論理と心が伴った経営が求められる時代**となっている。

# 03

# 顧客の意識を〝競合商品〟から〝効用〟へと転換させる

我々は商品を購入する際に、その商品が高いか安いかをいつも無意識に判断している。我々が日常生活で無意識に行っているこの判断も分析的にとらえてみれば、付加価値というものの実態が見えてくる。ここでは「高付加価値経営とはなにか」について考えてみたい。

我々が商品を購入するときに安いと感じるのは、基本的にその商品のもたらす〝効用〟が価格より大きいと感じたときである。この〝効用〟は、物理的、経済的、精神的、すべての要素を包含した概念である。**理論的には価格より〝効用〟が大きければ、購入の意思決定を正当化できる。**

ただし、こうした論理が成立するのは、競合がまったく存在しない状態においてである。現実には競合のない商品など存在せず、我々は競合商品より高いか安いかで、商品が高いか安いかを判断している。すなわち、**商品のもたらす〝効用〟が価格より大きく、かつ商品が競合商品より安いとき、その特定商品の購入は正当化される**ということである。

なにを当たり前のことを、と思われるかもしれないが、商品を購入しようとするとき、我々の意識が商品の〝**効用**〟の方に傾いているのか、〝**競合商品の価格**〟の方に傾いているのかを考えることは重要である。

もし、その商品が差別化されたものであり、競合がほとんど存在しないのであれば、我々の意識は〝効用〟に傾く。反対に競合商品が多いものであれば、我々の意識は〝競合商品〟との価格面の比較に傾く。

ところで、現在は多くの産業において、技術的な水準が等しくなり、製品差別化ができにくいという非常に厳しい競合状況にある。したがって、常に競合他社との価格競争になり、結果として付加価値の低い経営を強いられることになりがちになってしまう。では、こうした産業において高付加価値を実現するにはどうしたらいいのであろうか？

答えを先に言えば、**顧客の意識を〝競合商品〟から〝効用〟へと転換させる**ことである。これには二つの方法がある。**第一に、他社の扱わない商品を扱い、製品差別化を図る**ことである。**第二に、顧客にとっての〝効用〟を最大化するようなビジネス提案を図る**ことである。

顧客にとっての〝効用〟を最大化するには、**顧客のビジネスにおける付加価値を創造してあげなくてはならない**。顧客の意識を〝競合商品〟から〝効用〟に転換させるには、自社のビジネスモデルも変わっていく必要があるのだ。

こうした意味で、〝効用〟を最大化するように見せる戦術は必要である。顧客がどのように〝効用〟をイマジネーションしてくれるかが、価格決定になるからだ。とくに、経済原理からして、競合の激しい状況においては、大企業のスケールメリットが有利に働くことが多い。中小企業の場合、自社の規模や経営資源を鑑みれば、顧客の意識を〝競合商品〟に向けさせると、不利な戦いになるケースも多い。高付加価値に転換していかなければならない企業は、こうしたことを踏まえ、ビジネスモデルの質的転換を図らねばならないだろう。

あえて付加価値の本質に立ち返り、**どのような形での事業が時代に求められているのかを考える**ことは意義のあることであろう。

# *04* セーフティ・プレイ（安全策）とボールド・プレイ（大胆策）を使い分ける

バックギャモンというゲームをご存知だろうか。日本ではあまり馴染みがないが、二個のサイコロを振ってコマを進めていく一種のすごろくゲームで、欧米ではチェスに匹敵するほどの人気がある。

以前、このゲームの世界チャンピオンが次のような面白いことを言っていた。

「初めての相手と対戦するとき、**セーフティ・プレー（安全策）**と**ボールドプレー（大胆策）**の使い分けができているかどうかで、相手のレベルが即座にわかる」

簡単な言葉であるが、非常に含蓄が深い。

経営に当てはめて考えると、セーフティ・プレーとは、売上げを最小限に厳しく予想したうえで、最終的に利益が出せるように経費の調整を行うことである。一方、ボールド・プレーとは、経費の調整よりも新たにリスクを伴う経営を行って売上げ自体を伸ばしていくものである。

ここで重要なのは、**どちらが優れた経営手法であるかではなく、客観的な状況分析を行って両者を使い分ける能力が必要だ**ということだ。つまり、自社の経営資源の状況や外部環境の分析など、内外の状況をすべて考慮し、自在に判断を下さなければならない。

イメージとしては、ボールド・プレーの方がなんとなくカッコイイ。バラ色の将来像を描きやすく、経営計画を立てても積極的なイメージがある。だから、企業が外部のコンサルティング会社などに事業戦略を策定してもらうと、たいていはこのボールド・プレーになる。

しかしながら、企業が永続性を常に保たなければならないという絶対的使命を持つとしたら、セーフティ・プレーに徹することが良い局面もあるのだ。かといって、常にセーフティ・プレーしかしないのであれば、企業は成長することなく、ジリ貧に向かうだけである。

では、どんなときがセーフティ・プレーとボールド・プレーを使い分ける局面であろうか？

この判断は非常に難しいところであるが、一般的にセーフティ・プレーの局面とは、

①経営のリスクを負う企業体力はないが、事業として次のチャンスが来るまで存続できるとき

②経営リスクに対して、そのリターンが見合わないと判断できるとき

などである。反対にボールド・プレーの局面とは、
①経営のリスクを負うことのできる企業体力があり、勝算が見込めるとき
②今のタイミングを逃すとチャンスを再びつかむことが難しいとき
である。

小学生にもわかる簡単な理屈だが、実際にセーフティ・プレーとボールド・プレーを自在に運用するには高い経営能力を要するであろう。

企業の歩みを時系列的に見ると、セーフティ・プレーの局面とボールド・プレーの局面が交互に現れることが普通である。

しかし、ここで**重要なのは、たとえばセーフティ・プレーの局面であっても、常にボールド・プレーのための準備を着実に行っておかねばならないということである。**

こうしたことの伴わないセーフティ・プレーは単なる枝を刈りとっている〝盆栽経営〟にすぎず、企業が決して大木に育つことはない。

企業を取り巻く環境変化は厳しいものがある。現在のマネジメントは自社にとってセーフティ・プレーとボールド・プレーいずれの局面なのか、もう一度考えてみたいところである。

# 05 ヒトを資産と考えるか？ それとも負債と考えるか？

経営資源として代表的なものは「ヒト」「モノ」「カネ」であると言われている。この中でモノはカネで買うことができるので、大きく分けて「ヒト」と「カネ」が企業にとって考えるべき経営資源であろう。

カネに関してはバランスシートを見れば、運用状況はだいたいわかる。では、ヒトに関する経営資源は、なにを見ればわかるのであろうか？

実はヒトはバランスシート上の**見えざる資産**であり、同時に**見えざる負債**でもあるのだ。

具体例を挙げて説明しよう。企業がリースでコピー機を借りていることを考えてみよう。厳格な会計処理を行わないとすれば、バランスシート上、リース料は費用として処理され、資産としては計上されない。

しかし、現実には社内にはコピー機が置かれ、見かけ上は会社の資産のような恰好である。したがって、このコピー機はバランスシート状の〝見えざる資産〟となる。一方、リース契約は通常、いったん締結すれば途中解約はできない。したがってこれはバランスシート上に載らない〝見えざる負債〟でもある。

この〝見えざる資産〟と〝見えざる負債〟が貸借一致して均衡しているのだ。そして、現象面としては、経費の支払いとなっているわけである（私は正しい会計処理を知らないわけではなく、あくまで説明のための便宜としてこの例を設定した）。

では、ヒトの話題に戻ろう。リースされたコピー機をヒトに置き換えてみたらどうか。従業員をいったん雇用すると簡単には解雇できないという前提で仮定すると、人材はバランスシート上の〝見えざる負債〟である。この負債を人件費という名目で企業は毎月返済しているわけである。この〝見えざる負債〟の大きさは計算すればだいたい見当がつく。

では、資産の面ではどうであろうか？　ヒトは実際に会社に存在し、仕事をする。したがって、バランスシート上の〝見えざる資産〟であることも確かである。

しかしながら、ヒトがコピー機の例と決定的に異なるのは、〝見えざる資産〟と〝見えざる負債〟が必ずしも貸借一致しないという点である。〝見えざる負債〟の額がほぼ一定であるのに対し、〝見えざる資産〟は変動していく。すなわち、**マネジメントのあり方によって作られる要素**なのだ。

そして、〝見えざる資産〟から〝見えざる負債〟を引いた価値が最終的には「企業利益の源泉」となる。この**〝見えざる資産〟をいかに増大させ、それを最終利益に結びつけるかがマネジメントで大切なこと**である。経費を使うことによって〝見えざる資産〟を創っていくのだから、**できるだけ生きたカネを使う**ことが大切なのは言うまでもない。また、〝見えざる資産〟を運用して利益を出していくのだから、この〝見えざる資産〟の運用方法も大切である。

端的に言えば、**生きた人材教育費を使い、育成されたヒトを活かしきるという単純な結論**である。マネジメントの基本は非常に単純な原理原則なのである。しかしながら、単純な論理も諸般の事情から往々にして阻害されることもあるので注意が必要である。

多くの企業で人事戦略が見直されている。しかし、本当に人材の育成に効果的な投資をしているだろうか？　会社の人材は、〝**人財**〟であって〝**人在**〟であってはならない。まして〝**人罪**〟などであってはならないのは言うまでもない。

# *06*

# 安定的経営の実現には、経営の〝質の最適化〟が不可欠

最近、「**クオリティ・マネジメント**」という言葉がよく言われるようになった。

「クオリティ・マネジメント」とは、**短期的な視点に立った収益極大化を考えるのではなく、長期的に安定的な収益をもたらす〝経営の質〟を問う**というものである。

多くの企業ではこれまで経営の質的側面よりも量的側面が重視されてきた。クオリティ・マネジメントは、企業の〝**量的な最適化**〟**の限界**を認識するところから出てきた発想なのである。

ここでは、このクオリティ・マネジメントについて考えてみよう。

本来、企業は量的な意味での収益極大化を図ろうとする。現在のような非常に厳しい競合環境においては、こうした「収益最大化の論理」は自然の成り行きである。論理的に経営を行おうとすれば、どうしても〝量の最適化経営〟にならざるを得ない。

〝量の最適化経営〟とは、生産性の向上、経費の節減、有効な市場への特化、経営資源の配分の最適化、業務効率性の追求といったものである。どれも経営上、正しい意思決定である。

しかしながら、その反面、こうしたことだけでは、**短期的な収益を最適化する〝部分最適〟は実現できても、長期的な視点に立って安定成長を図る〝全体最適〟の実現にはならない**ことがある。

クオリティ・マネジメントとは、従業員の満足、顧客の満足、組織の活性化、クリエイティブな組織文化、企業としての社会貢献といった、企業の質的側面を追求する経営である。単に利益を上げることだけでなく、**経営の質にこだわる**経営である。すべての項目に共通して言えるのは、**定量的に費用対効果が見えないが、経験的に企業の成長に深く関係していると**認識されていることである。

ところで、ここではクオリティ・マネジメントを〝量の最適化経営〟と対比させたが、企業の業績が低迷すると〝量の最適化経営〟のみに関心が行きやすくなる。

たしかに、現在の状況を打開するためには、クオリティ・マネジメントなど悠長なことを言っていられないのも事実である。

一般的な傾向としては、収益面で十分な健全経営がなされて、はじめてクオリティ・マネジメントを考えるといったところが普通であろう。ことわざにもあるように、〝衣食足りて礼節を知る〟といったところであろうか。

しかしながら、**〝貧すれば鈍〟となる企業は成長できない**。ここに企業の精神性の重要さがある。

クオリティ・マネジメントが実現されるということは、社格が高まることを意味する。クオリティ・マネジメントが企業の安定成長につながる保証はないが、安定成長を実現するためには必須である。つまり、**クオリティ・マネジメントは、安定成長のための十分条件ではないが、「必須条件」なのだ。**

# 07 長期的に成長する企業の文化には、「厳しさ」と「ぬるさ」が共存する

これまで「**経営革新**」といえば**合理化**のことを指した。無駄を排除し、最高の効率性を実現するために社内を合理化することが成功要因であると誰も疑わなかった。人事の世界でも「成果主義」という合理性に基づく施策が広まったことは周知のとおりである。

しかし、すべてを合理化すれば本当に強い会社を作ることになるのであろうか？

かなり以前のことであるが、ホワイトカラーの生産性を高めるタイムマネジメントが流行ったことがあった。日々の業務の内容を最大限に効率化するために、社員のトイレの時間まで管理するという極端な会社もあった。

こうした施策が経営の効率化にあまり寄与せず、社員の不満を買っただけに終わるのに時間はそうかからなかった。すぐにこの流行は廃れていった。

そして、時代は経て、「**成果主義**」という新たな合理性が現れてきた。中高年の賃金を抑えたいという企業の本音が裏にあったにしろ、導入にあたっては経済的な合理性で正当化された。結果はどうであったであろうか？

行き過ぎた成果主義は、賃金を抑えられるという実利はたしかにあったが、拝金主義と人心の荒廃をもたらして、強い会社へと生まれ変わらせる変革の道具にはならなかった。実際に成果主義を廃止する会社も最近続々出てきている。

**人間の内発的モチベーションは外部からの合理的な管理を嫌う。**極端に管理された状況に置かれると、ストレスが増すのが人間の性《さが》である。

退職勧奨を行う企業は、必ず対象となる社員の管理を強める。会社の目標予算から算出された時間あたりの貢献期待値と社員の時間あたりのコストを毎週のように比較管理するような極端なことをやる会社も存在する。

こうした管理を行うと、社員は退職勧奨するまでもなく自主的に会社を辞めていくようである。合理的な管理とは、それほど社員にとって毒となるものである。

一方、社員の目標のベクトルを合わせて戦略的方向性を実現するには、合理的な管理が必須である。管理のない会社は放漫経営で方向性を失い、厳しい競争に勝ち残ってはいけないであろう。**合理性に基づく管理のない会社は会社の体《たい》をなしていない**と言っても過言ではない。

したがって、会社の本質は、そもそも人間の本性と相容れないものなのだ。合理性を追求すれば社員の心は荒み、合理性を排除すれば放漫経営になる。要するに**合理性にバランス感覚が必要**なのである。

経営者はなにに合理性を求め、なにに非合理性を与えるかを考える必要があるだろう。**長期にわたって強い会社は、企業文化のうえで「厳しさ」と「ぬるさ」が共存しているものである。**

「ぬるさ」は非合理の世界である。理屈では正当化できない世界かもしれない。しかし、その**「ぬるさ」が「厳しさ」を土台で支えていることもある**のだ。

企業文化において余裕のない会社は殺伐としている。結果として社員の定着率が悪かったり、創造的な新規事業に失敗していたりする。

**非合理という無駄の必要性**を再度考えるのも良いと思う。合理性と非合理性のバランスをとるという意味で、「**経営者のミッションは企業文化の創造とリーダーシップである**」ということは納得できるところだ。欧米的な合理性一辺倒のマネジメントではなく、日本的な知恵にもとづく強い会社がこれから多く出現することを望んでいる。

# 08 経営を民主主義で行えば、ファンクラブも〝不安クラブ〟になる？

景気が低迷し企業業績に影が差し始めると、経営者の中には「うちは社員の危機意識が足りない！」と言う人が出てくる。生きるか死ぬかの厳しい経営環境において、経営者が肌で感じる危機意識は容易に想像できる。危機感をもって物事に積極的に対処していかねば、経営が行き詰まることを本能的に感じ取るからである。

一方、社員のほうは、あいかわらず気楽なサラリーマンである。自分の生活が特に変わらなければ実感として危機意識など持たない。経営者はこの意識の乖離《かいり》にイライラするわけである。

実際に社員の危機意識を醸成するようなセミナーなどが多く開催されている。依頼も多く、研修講師にとって、ありがたいテーマであろう。しかし、マーケットの要求があるから効果のあるものが提供されているのかと言えば、いささか疑問である。

社員が本当に危機意識を持ったらどうなるか？　まず、次の転職先を探し始めるであろう。転職先の目処が立たない人は、会社にしがみつく方策に知恵を絞るであろう。

あるクライアントの例である。業績が悪く社内に危機意識が蔓延《まんえん》していた。多くの中高年の社員は自分の仕事を複雑にして抱え込み、内容を他の社員に絶対に知らせない。その人でなければできないような形の仕事にして、会社へのしがみつきを強めているのである。悪いことに、大企業のように定期的な人事異動をする余地もない。人事異動をすると不要な仕事が削ぎ落とされ、仕事の標準化ができるという効果が期待できる。残念ながら、こうしたこともできない。したがって仕事の効率化が阻害されているのである。これは、悪い意味で危機意識が社内に蔓延した例である。

人間は所詮、自己中心的にものごとを考える生き物である。**全員が経営者のように危機意識を持って事態の改善に積極的に取り組むというのは、経営者の妄想でしかない**。さらにその社員の意識改革に対して多くの教育費用をかけるのは、お金の浪費であろう。

人間は安定感のあるところでもっとも力を発揮するものである。もちろん、仕事に対する厳しい意識を要求することは当然である。

しかし、これと危機意識とはまったく違うものであることを認識するべきである。**経営者の**

**危機意識を安易に社員と共有してはならない**のだ。人間は自己の意識を他者と共有して安心感を持つものである。しかしながら、経営においては共有してはならない意識もあるのだ。この意味で経営者は孤独な存在である。どうしても自分の意識を他者と共有することで、積極的なアイデアを生みたいなら、社外に誰かを求めるべきであろう。

**経営者は社員にとって、方向性と光を与える太陽のような存在でなければならない**。決して曇り空のような面を見せてはならないのである。経営者の魅力が社員を惹きつけ、社員は経営者の「ファンクラブ」のようなものがあることが望ましい。

曇り空のような経営者はファンクラブではなく、「不安クラブ」になっているのではなかろうか？　経営は民主主義では行えない。**社員と共有すべきものと、共有せざるべきものを区別し、強いリーダーシップを発揮することが、経営者にいっそう求められる**時代であろう。

# 09

# 大切なのは、外部人脈の形成ではなく、目の前にいる人々を大切にする努力

企業を経営するうえで人脈が大切だと考える経営者がいる。特に経営資源の乏しい中小企業にその傾向が強い。

自社の経営資源を補うために、利用できるものは何でも利用したいという気持ちは心情的に理解できる。実際に自社の製品を売り込むために販路を開拓して欲しいという依頼がコンサルタントのところに来たりする。

ただ単に営業力をつけたいのであれば、営業力のある社員を雇えば済む話である。こうした人はコンサルタントの持つ人脈に期待しているのかもしれない。ひょっとしたら、コンサルタントとは営業販路などにコネクションをつけてコミッションを掠め取るような商売だと思っているのかもしれない。

コンサルティング業は信用を基盤としたビジネスである。したがって、よく知らない会社を

どこかに紹介することなど、まともなコンサルタントならするはずがない。企業の社長同士を紹介することはよくある。しかし、これはあくまで熟知したクライアントへの経営支援である。話が長くなったが、ここでは人脈について考えたい。

我々が「人脈」と言うときは、どういう関係を指すのであろうか？　単に知っているだけなら、知人である。よく人脈が豊富であると誇示する人がいたりするが、相手がその人に具体的に何をしてくれるかは怪しいところだ。

人脈が豊富であると誇示する人は、単に自分のコンプレックスを解消しているだけではないのかと思うことがある。お金持ちが、自分にお金があることを誇示しないように、本当に人脈がある人はそれを誇示しないものではなかろうか。そうした人に、「逆に、人脈と言われる人になにをやってあげられますか？」と尋ねてみると、「今はなにもできない」といった返答が返ってきたりする。これは人脈でもなんでもないのだ。

**人脈とは、一方的な関係ではなく双方向の関係である。**そこは、お互いになにかをやってあげられる関係でなければならない。また、個人的な「貸し」や「借り」の論理も大人の世界ではあることだ。そうした、双方向の関係が蓄積された結果が人脈と言われるパイプである。そして、そうした関係には打算的な要素が少ないのが通常である。

したがって、他人の人脈を打算的に利用したいというのは、あまりにも発想が貧しいと思わざるを得ない。社会的に地位のある人や資金力のある人の周りには、常にそうしたことを利用したいという人間が群がる。そうした人の多くは、群がる人にうんざりしているのだ。


いたずらに社会的に地位のある人や資金力のある人を求めて、知り合いになろうという努力は虚しい。たとえ知り合えても、双方向での関係が結びにくいからだ。やたらに、いろいろな人の名刺を集めている人がいるが、人脈と呼ばれる関係になったという話は少ない。

むしろ、**自分の目の前にいる人を大切にする努力の方が大切である**ように思われる。それは、自社の社員であったり、事業の協力者であったり、お得意先であったりと様々であろう。そうした**身近の人との関係をないがしろにして、人脈を作ろうとするのは妙な話である。**

**自分と何らかの縁があり、実際に接している人こそ人脈**である。**人脈に関しては、常に足元を見て、具体的に自分が何かをやってあげられる人を大切にすべきだと思っている。**

# 10 日本企業の課題はトップダウンの戦略を実行する組織をデザインすること

人事制度において、社員の「**目標管理**」を採り入れている会社は多い。外資系のみならず、国内企業の多くがこうした制度を採り入れている。成果主義を明確にするには、社員の「目標管理」が不可欠であるということである。

しかしながら、そうした企業を〝組織単位〟で見ると、組織の目標とミッションが不明確である場合も散見される。特に国内企業の場合は、組織が成り行き的な機能を果たしているケースがある。せっかく、社員の目標もミッションも明確にするのだから、組織の目標とミッションも明確にすべきではないかと思うのだ。

こうした企業は人材中心に組織のミッションが決まる。人材の能力が組織の機能となっているわけである。これでは、組織の集合体である企業の戦略は「人材の能力で決まる」という話になってくる。こうした企業にはトップダウンの戦略が明確でない場合が多い。

業界にもよるのであろうが、こうした体制で企業活動が順調に行っている企業は問題ないであろう。しかしながら、熾烈《しれつ》な競合関係があり、トップダウンの戦略を全社に浸透させなければならない企業においては、組織の目標とミッションが定義されていないというのは、放漫経営と言われても仕方ないところである。

企業の戦略が明確になり、各組織がどのような目標とミッションを持たなければならないかをデザインするには高度な能力を要する。これは社長のする仕事である。社長はこうしたことに敏感でなければならない。

現状の組織が求める組織であるためには、「どうしたら良いか」という知恵を出さなければならない。**「あるべき姿の組織」と「現状の組織」を比較し、何が足らないかを明確に把握する必要がある**のだ。

足らないことの認識がまず必要である。どうやったら、足らない部分を埋められるのかを考えるのは、その次のステップであろう。まずは、**全社戦略から見て、各組織に何が足らないかを認識することが大切**なのだ。

人の幸福は、「不足を数えるのでなく、与えられているものに感謝する」ことにある。しかし、企業活動というビジネスの世界では、「**足らざるものを認識し、常にそれを埋めることを考える**」ことも必要なのだ。

日ごろから組織機能の不足を埋めたいという意識があれば、突然にいい知恵が出ることもあるであろう。また、不足を埋めるということだけでなく、それをどのような形で補うかという知恵も出てくる。**常に意識をしていることが必要**なのだ。

トップダウンの戦略を実現する組織デザインが行われにくい原因のひとつは、人材を管理不能の固定要素と考えるからであろう。外資系では、組織ミッションを果たせないマネジャーは、すぐにリストラになり、組織ミッションを果たせる人材に置き換えられる。

国内企業において、組織ミッションが不十分にしか果たせないからといって、短絡的にリストラを行うことが良いかどうかは疑問である。しかし、**少なくとも担当マネジャーには何が不足しているかを明確に伝えるべき**である。そうでなければ、担当マネジャーは、会社から戦略的に要求されている組織ミッションを認識することなく、自己流のマネジメントを続けるに違いない。

私は、**組織能力の不足は、経営者と管理職が共有すべき課題だ**と思っている。

# 11 中長期計画よりも、「9割成り行き、1割計画」

人も年齢を重ね、これまでの人生を振り返ると、ほとんどが成り行きで現在の自分があるということに気づくだろう。はじめから計画的に現在の姿を築いたという人に会ったことがない。目先の選択肢に導かれて、なんらかの原因を作り、結果が生まれ、そして、その結果が原因となって延々と現在まで続いているのだ。**「自分の置かれた環境などの前提条件をうまく生かせた人が成功している」**という現実は否定しがたいものがある。

孔子の「我、五十にして天命を知る」という言葉がある。50歳になれば、自分の人生が人知を超えた成り行きで決まってきているということを知るべきであると、私は勝手に解釈をしている。所詮、人間のアタマで考えたことはたかが知れているのだ。

企業経営においても、短期計画もあるが中長期計画もある。私は中長期計画の策定には少し疑問を感じる。

経営コンサルタントの中には会社がしっかりしないのは中長期計画が定まっていないからだと言う人がいる。しかし、これはウソである。私の経験上、中長期計画通りに会社を導けた例はない。つまり、**未来を的確に予測した中長期計画など存在しない**のだ。これは倒産した会社の過去の中長期計画を見てしみじみ思うのである。

中長期計画は会社の目指すベクトルの指標として必要だという声がある。でも、現実は空理空論に終わっているものが大半であろう。

今になっては大企業となった会社もはじめは些細なきっかけの起業であった。起業していろいろなことに遭遇するうちに少しずつ知恵がついてくる。１００の事業も生かし方次第で１０５になる。今度は１０５を生かして経営すれば、複利で会社は大きくなる。

会社を経営していくうちに、必ずいろいろな現象が目の前に現れてくる。同時にどうすれば良いかの選択肢も出てくるのだ。**的確に選択肢を選べば会社は成長する仕組みになっているの**である。**経営とは無から有を作り出すことではなく、有を生かし、的確な選択をすること**だと私は思っている。

少し誤解を招く書き方をしたが、私は中長期計画を作るなと言っている訳ではない。そんなエネルギーがあるならば、**現在の与えられた状況をいかに生かすか考えたほうが良い**と言っているのだ。

多くの会社で現状を生かす努力をせずに中長期計画を考えているが、**あらゆる思考を駆使して現状の与件を1%でも生かし切る努力のほうが大切**だと言っているのである。つまり、**空理空論の将来像よりも、今、将来に向けての原因を作るほうが得策**だと言いたいのである。

そういった意味では**短期計画を作ることのほうが会社にとっては意義深い**と思う。短期計画は現状という与件をどうするかに焦点が置かれる。会社がもっとも力を入れて考えるべきところだと思う。

企業でも個人でもできることは限られている。今を生かすことしかできない。そうして今を生かす選択肢をいろいろ考えて選択するわけだ。感覚的に成り行き9割、計画1割の会社が望ましいと考えている。

# 12 組織の硬直化が外部環境の変化への適応性を損ねる

どのような企業も存在している限り、**〝内部の仕組み〟**を持っている。〝内部の仕組み〟は、企業がある目的を遂行していく過程で自然にできあがっていく。すなわち、ある目的をより効率的に達成しようとして、状況に合わせた創意と工夫によって〝内部の仕組み〟は築かれていくのである。

しかし、ここで考えなければならないのは、外部の環境は常に一定のものとして〝内部の仕組み〟ができているということである。外部環境が変化してしまえば、当然のことながら〝内部の仕組み〟を変えることで新たな状況に対応していかねばならない。

きわめて当たり前のことだが、これが往々にして困難な場合がある。**なぜ状況対応が困難になるかと言えば、〝内部の仕組み〟が硬直化しているから**だ。

たとえば、ある経理部長がいたとする。彼は同じ会社の経理畑一筋に20年間歩いてきた。あるとき、事情があって会社を退職することになった。すぐに再就職しなければならない状況にある。さて、彼はどのような行動をとるであろうか？

おそらく前の会社と同じような環境で仕事ができる会社を探すであろう。彼の年齢を考えると、いまさら営業マンや技術者になれないことは自明である。

本題に戻るが、〝会社を退職すること〟を〝外部環境の変化〟、〝経理の技能〟を〝会社の仕組み〟に読み替えて考えてみよう。

ところで〝経理部長の長年の経験〟とはなににあたるか？　これが企業における〝内部の仕組み〟の硬直性である。会社の内部の仕組みが変えがたい要素であることは間違いない。

この硬直性はすぐにほぐせるものではない。したがって、企業は生き残るためには、自社の〝内部の仕組み〟に合った外部環境を探すことになる。ここには自社の質的変化はなにもない。単に扱う商品が違うぐらいのことである。

企業が短期事業計画を考えるときには、こうした概念は非常に重要である。**企業の質的変化を標榜することは簡単であるが、実際に行うことは難しい**課題である。

では、企業は自社の〝内部の仕組み〟に合致した外部環境を常に探していけばいいのかということであるが、もし、こうした企業行動で企業が収益を継続的に上げることができるなら良いであろう。しかしながら、**多くの場合〝自社の内部の仕組み〟に合致する外部環境は時代の変化とともになくなっていくのが通例である。**したがって、長期的視点での企業の〝質的変化〟を目指した長期事業計画が必要となってくる。

長期事業計画とは現時点での実行可能性を示したものでなく、今後の会社の方向性を示す、はるか彼方の燭光《しょっこう》である。こうした意味で**短期事業計画は長期事業計画によって導かれるものである。**新規事業においては〝内部の仕組み〟に合う分野から始めて、徐々に〝内部の仕組み〟を環境に合わせて変革する努力が必要なのは言うまでもない。場合によれば少しずつ計画的な人材の新陳代謝を図ることも必要であろう。**外部環境の変化に適応するために組織の硬直性をほぐす努力は常に必要だ。**

# 13 社長には合理性と非合理性を受け入れる〝懐の深さ〟が必要

「最近、社員にやる気がない」と嘆く社長が多い。社長自体は経営に対して真剣であるにも関わらず、社員のほうは能天気という、どこにでもあるような話である。

面白いことに、そうした会社の社長に限って、社員のモチベーションを向上させていこうと、いろいろな人事施策を活用しようとする。たしかに人事施策によるモチベーションの改善は期待できる面もあるが、物事の本質を外れたケースも散見されるように感じている。

日本ではよく「懐が深い」とか「懐が浅い」というようなことをいう。「懐が深い」とはどのようなことであろうか？　私は、ひとつには**「貸し」と「借り」の関係**が理解できることであると思っている。言うまでもなく、ここで言う「貸し」と「借り」の関係というのは契約等で決まっている法的な関係ではなく、きわめて観念的な人間の認識能力である。

こうした一見合理的でない能力も経営者の能力のひとつである。なぜなら、**「貸し」と「借り」の関係がわからない経営者に対して、社員は決して会社に対する「貸し」を作ってはくれない**からだ。会社側が精緻な合理性を求めれば求めるほど、社員のほうも杓子定規な「合理性」を求めることになる。

経営が厳しく給与水準を下げただけで、優秀な社員が辞める。自分の給与以上に負荷のかかる仕事を積極的に行わない。常に処遇に対する不満ばかりを言う。こうした企業文化の会社は、本当に足腰の強い会社とは言えない。

社員は常に社長を含む経営陣を見ているのである。経営者が精緻な目先の合理性を求めれば求めるほど、社員もそのような論理で動くようになる。さらに悪いことに、社長自身が目先の精緻な合理性を求めることが社長のミッションであると思っていることである。こうした傾向の社長は、経験上、経験の浅い社長に多いように感じている。

私が常に提唱していることであるが、**社長には合理性と非合理性を受け入れる「懐の深さ」が必要**である。社員だけがだらしのない会社はない。長期的には社員は社長の顔が映った鏡となると思っている。

長期的と言うと漠然としているが、5年もあれば、社員は社長の姿を映し出す鏡となるのではないかと思っている。経営コンサルティングの仕事は精緻な合理性を追求することが多いが、同時に社長にしかできない人間力の発揮を期待するところである。

**社長は経営コンサルタントのできない能力があるからこそ、成功するのであって、単なる目先の合理性に敏《さと》いから成功するのではない**ということを再度考えてもらいたいところである。

# 14 経営者は「暗黙知」で考えよう！

「**暗黙知**」という概念がある。言葉のような形式的な手段で表せないが、知として認識される概念である。

たとえば、自転車を乗りこなすのに、どのように乗ればいいのかは言葉で表しがたい。体感で覚えるしかないのだ。いわゆる職人芸というものもそうかもしれない。コツを言葉で表すことができない。さらに言えば、我々は数多くの人の顔を識別しているが、どのように識別しているのかを言葉で論理的に説明することはできないのである。

しかしながら、「暗黙知」には立派に「知」としての存在がある。

なぜ、私があえて「**経営は暗黙知だ**」と言っているのかと言えば、この基本を忘れて失敗する経営者が多いからである。暗黙知と対比される概念として「**形式知**」がある。形式知とは、言葉、図解などで論理的に説明できる世界である。

形式知で論理的に計算された経営戦略はうまく行くとは限らない。形式知で経営に成功できるのなら、論理力の強い経営知識豊富な人が経営者としても成功するであろう。でも、実際にはそのようになっていないことは自明である。


私は論理に裏づけされた形式知を否定するつもりはない。形式知は経営においても必要な要素だ。ただし、**暗黙知というインフラを土台として、その上部構造として形式知は初めて意味を持つ**。

形式知の代表的なものにマニュアルがある。しかし、マニュアルがあれば誰でも経営ができるわけではないのである。この点において、安易にフランチャイズ・ビジネスに飛び込んで失敗する人が後を絶たないのは残念なことである。**しっかりした経営者は薄っぺらな形式知には踊らされない**ものである。暗黙知の重要性を認識したうえで、形式知を考えている。


自転車にはじめからうまく乗れる人はいない。何度も何度も転んで、コツを覚えていくのである。暗黙知は失敗することなしには体得できないものである。

経営にはコツがないとよく言われる。これは、コツがないのではなく、コツを表現する手段がないと言った方が正確かもしれない。

サラリーマンの世界は形式知の世界である。何事も論理的に筋を通して説明できなければ社内的にも通らない。しかしながら、**経営者は暗黙知で物事を考える必要がある。**立脚している土台自体が違うのだ。

定年後、退職金をフランチャイズなどにつぎ込んで失敗する人は、この事実を理解していない。資金とノウハウと論理力があればある程度は成功すると思っているふしがある。もう一度、経営者とはどのような立場かを考えていただきたい。

【第2章】

# 経営のメカニズムに関する思考と気づき

# 15 従業員満足は、全員に仕事を好きになってもらうことで実現する

多くの企業で「**クライアント・ファースト**」という言葉が使われて久しい。日本流に言えば〝顧客第一主義〟であり、まずなによりも、顧客の利益を優先して事業を展開していくことを経営理念としたものである。

これに対して、最近では「**エンプロイー・ファースト**」という言葉が聞かれるようになった。これは「企業の従業員が本当に満足して働くことができなければ、顧客により良いサービスを提供できない」という考えである。

従来、日本企業には従業員の犠牲の上に成長を遂げたという面があり、往々にして、企業の発展と従業員の幸福は相反することがあった。

しかし、企業が発展すると同時に、従業員が幸せになるシステムは本当に存在しないのであ

ろうか？　これは経営における究極の課題だと思う。

私は、たった一つだけこれを実現する道があるように思っている。それは、理屈では至って簡単なことで、すなわち**「従業員のみんなが仕事を好きになること」**である。

たとえば、ギャンブルの好きな人なら、徹夜で麻雀をした翌日でも平気でパチンコをしていることもある。好きでやっているのだからなぜか疲れない。まして自分からいろいろな研究をするから、自然に腕も上がってくる。これが嫌いな仕事だとこうはいかない。

好きなことをすれば、いかに生産性が上がり、疲れを感じないかということについて、反論をする人はあまりいない。では、どうやったら仕事が好きになるかということが大きな課題である。

ここに面白い事例が一つある。かなり昔の話だが、ある地方都市に従業員70名ほどのハンドバック製造工場があった。この工場は、中小規模ながら高い生産性をあげている。ここまではなんの変哲もない話であるが、実はここで働く70名のうち48名は、軽度の精神薄弱者であった。最初は1名だった精神薄弱者が徐々に増えていったそうである。

面白いのは社長が行った生産性を上げるための施策である。ここでは、従業員にやる気を出してもらい生産性を上げようとしても、お金のインセンティブや通常の人事管理システムがまったく通用しない。考えた末に社長は二つのことを行った。

一つは**職場の物理的環境を変えることで従業員に仕事を好きになってもらうこと**。もう一つは、能力に限界のある人を決して1人にしないで、必ず2～3人の組で仕事をさせることで能力を補完させながら、**個人を孤独にせずに労働の喜びを知ってもらうこと**である。

社員に仕事を好きになってもらうために従来の工場を全部壊し、外観は普通の住宅のような作業場を建てた。建物の中は工場という雰囲気はまったくなく、まるで暖かい家庭のようだ。これは出社に伴う抵抗感をなくすためである。そうした経営努力の結果、会社は徐々に好業績を上げられるようになったそうである。

さて、本題に戻って、普通の能力を持った集団で、もし本当にすべての社員が仕事を好きになれば、どんなに好業績があげられるようになるだろうかと考えることがある。すべての社員が疲れることなく仕事を続けられて、さまざまなアイデアも出てくるであろう。

# 16 変革を行うときは、組織の慣性力を甘く見てはいけない

景気の低迷を反映して、リエンジニアリングやリストラクチャリングを考えている企業は多い。構造的に問題のある経営機能を見直して、ゼロベースですべてを構築し直そうという考え方である。たしかに考え方としては正しいアプローチであり、理論上では高収益体質を築けることになる。

しかしながら、現実には、こうした試みがうまく行かないケースが非常に多いのも事実であろう。ここでは、リエンジニアリングやリストラクチャリングがうまく行かない要因を考えてみたい。

物事をゼロベースで、はじめから構築することがうまく行かない原因の一つは、「**組織慣性力**」の問題にある。企業は日々の活動の中で、ある慣性力を持って動いている。ちょうど交通

標語の「車は急に止まれない」に似ている。軽自動車よりも大型トラックの方が止まりにくいのは感覚的にも理解できるところである。

企業の慣性力に関しても同じことが当てはまる。企業の場合であれば、この慣性力は〝**社員の意識**〟と〝**社員の数**〟によって決定される関数だ。さらに言えば、社員の意識は勤続年数に比例して変わりにくいという事実がある。**慣性力の大きな企業ほど、急激な変化に対して柔軟に対応できない**。もし、こうした慣性力を無視して急激な変化を行おうとすると、変革のプラン自体が宙に浮いてしまうか、経営機能を損なうかである。

したがって、**企業において変革を考えるときは、まず自社の組織慣性力を考える必要がある**。そうでなければ、いかに美しき「あるべき姿」を描いても、絵に描いた餅に終わってしまう。絵に描いた餅であればまだ良いが、食中毒を起こす餅にさえなりうる。

世間には組織改革のありかたを説いた本は多い。しかしながら、こうした組織慣性力についての記述はほとんど見ない。これは著者が組織慣性力の重要性を認識していないか、もしくは、認識してはいるが、この点に触れると自分の組織変革の理論の妨げになると考えているからであろう。

しかし、実務ベースで経営を考える人間にとって、組織慣性力は非常に大きな要素であり、決して見過ごすことのできない要素なのだ。

では、組織慣性力の強い企業においては企業変革ができないのかという疑問が湧く。結論から言えば、こうした企業でも変革は十分可能である。ただ変革のプロセスが違うだけである。**あからさまに「あるべき姿」を描いて「現状」との乖離《かいり》を埋めるアクションプランを考えるのではなく、社員が日々の日常業務において少しずつ工夫を凝らし、「あるべき姿」に向かって徐々に歩み寄ることである。**そこには大きな変革という旗はないが、あとから振り返ってみて、はじめて大変革が行われたと気づくようなプロセスがある。

そのためには企業の明確なビジョンと夢が、企業の方向性として明確でなければならない。**経営陣が企業の方向性をはっきりと認識し、このようになりたいと強く切望する限り、企業はゆっくりとではあっても、大きな動きをはじめるものである。**

# 17 管理職の役割が〝管理〟から〝創造〟へ変わる時代

**管理職**という言葉は、いつ頃から使われはじめたのであろうか？　おそらく日本に資本主義が芽生えてきたころからであろう。どこの会社にもこの〝管理職〟と呼ばれる人々がいる。しかし、私は〝管理職〟という言葉を聞くと、何かセピア色の世界を感じる。ここでは、〝管理〟ということを考えてみたい。

管理が目指すものは〝**業務の均一化**〟である。高品質な製品を効率的に生産するためには、業務の管理は必要であるし、提供するサービスを均質化するためにも管理は必要なことである。企業活動において、管理が不要であると考える人はまずいないであろう。

管理の形態は業態によってさまざまであり、社員の行動を逐一規定するものや、業績結果のみの管理などさまざまである。しかしながら、その目的とするところは一つで、**社員の質をコ**

**ントロールする**ことである。

では、〝管理〟の反対語は何であろうか？　多くの人は〝無秩序〟とか〝放任〟という言葉を思い浮かべるのではないかと思う。しかし、私はあえて〝**創造**〟だと定義したい。〝創造〟とは、異質なもの同士のぶつかりあいから生まれる新たな概念である。均質化とはまったく反対の概念だ。すなわち、管理が〝均質化〟を表わす概念であるのに対して、創造は〝**異質化**〟を表わす概念である。

私があえて〝管理〟の反対語として〝創造〟を定義したのは、〝管理〟と〝創造性〟は往々にして相反する関係にあるからである。すなわち、**管理があまりにも強化されると、組織は創造性を失う**ということである。

我々の収益活動は常に二段階に分けて考えなければならない。まず、**新たな事業を創造していく段階**。そして、**それを効率的に遂行していく段階**の二つである。

前者は組織の創造性が要求される段階であり、後者は組織の管理が要求される。すでに収益が十分上がる事業構造を持った企業なら、しっかりした管理があれば創造性はあまり要求されない。しかしながら現代の経営環境の変化の激しさは、常に新たな事業構築を要求する。換言すれば、一つの事業の命が短くなってきているのである。新たな命が生まれない事業体は、死にいく命をいかに延命させるかだけなのである。

**企業は収益が悪化すると、とかく管理強化に走りやすい。**強力な管理の下、従業員は全力で頑張っているが業績は冴えない企業もある。業績が悪くなるとますます管理以外のことを考える余裕がなくなり、悪循環に陥る。**企業は余裕のあるうちに、組織の創造性を育むことが大切である**ことは言うまでもない。

ところで〝管理職〟という言葉であるが、こうしたことを考えると**管理職の職務は、単に管理活動だけでは不十分である**ということがわかる。

これからの管理職（?）は、**業務の管理とともに、異質なものをうまくぶつけあって組織に創造性を持たせることが重要な責務**となる。英語の〝マネジャー〟の訳語が〝管理職〟ではなく、新たな言葉に置き換わる時代がすでに来ていると感じているのは、私だけであろうか？

# *18* 数字は実態の影であり、実態そのものではない

経営学の教科書には、経営資源とは**ヒト・モノ・カネ・情報**などと書いてある。ここで人・物・金と漢字で書かずにカタカナで書いているのは、これらが物理的なものだけを表しているのではなく、**目に見えない資源**も含んでいるからである。たとえば、ヒトは社員のスキルや組織活力、モノは営業ノウハウや特許権、カネは資金調達能力などである。ところで、これらのうち、情報だけは他の経営資源とまったく異なった性質を持っている。

すなわち、ヒト・モノ・カネは存在すること自体が経営資源であるが、**情報はそれを具体的に利用してはじめて経営資源となる**のであって、使われなければなんの役にも立たない。ここでは、情報というものについて考えてみたい。

我々は高度化する社会において、ますます多くの情報に晒《さら》されている。すべての情報を得ていたら頭はすぐ飽和状態になってしまう。したがって、**ある明確な目的を持って、それに必要な情報を選択し、不要な情報は切り捨てる態度が必要**である。

あまりに細かい情報まで把握しようとすると、大局的な観点に立った戦略的意思決定ができなくなることはよくある話である。つまり、情報の量と的確な意思決定は必ずしも比例関係にない。したがって、**常に情報は的確に選別し、さらに具体的なアクションをとれる形に加工しなければならない**のである。

ところで、経営の意思決定においてもさまざまな情報が存在する。もっとも身近なものは経営成績の分析資料である。

どこの企業も経営の実態を〝数字〟を追うことで把握しているが、ここに一つの危険性が潜んでいる。それは、**〝数字〟は所詮〝実態の影〟でしかなく、数字自体が実態ではない**ということである。このことを意識しておかなければ、数字に表れないビジネスチャンスを失ったり、数字がたまたま良ければビジネスに内在するリスクを見逃すことになりかねない。**常に数字の背後にあるビジネスの実態というものを見ようとする態度が必要**だ。

英語では、数字だけを数えてなんの戦略的なアクションもとらない人を〝ビーン・カウンター〝豆を数える人〟と呼んでおり、無能なビジネスパーソンの代名詞としている。こうした人はいくら忙しくしていても仕事をしていない人である。

**重要なのは数字の情報からビジネスの実態を的確につかみ、具体的なアクションに結びつけること**である。情報は意思決定に実際に役立てるプロセスがあって、はじめて経営資源としての機能を果たしたことになる。経営の数字自体は常に一次情報であり、意思決定に使うには得られた情報をもとにビジネスの実態を的確に把握しておかなければならない。

たまたま情報というものの性質を述べるために数字を例に挙げたが、企業には数字以外にさまざまな情報が存在する。こうした情報を単に表面的に捉えるか、その背後にある実態を見ようとするかは、マネジメントの経営姿勢の問題であろう。**見えざるものを常に見ようとする態度が的確な意思決定には必要**である。

情報が氾濫するなかで、人はともすれば一次情報からすぐに結論を出しがちになる。私は**一次情報からイマジネーションを駆使して実態を推測し、具体的なアクションに結びつけることがマネジメントの基本**であると思っている。

# 19

# 付加価値の真の源泉は、知識や技術ではない

わたしの手元に100円ショップで購入したクォーツ時計がある。100円で販売しているということは、それでも利益が取れるということである。製造原価は数十円であることは容易に想像がつく。クォーツ時計も安くなったものだと思うと感慨深いものがある。

クォーツ水晶振動子が開発されたのは1921年である。それから46年後の1967年にセイコーから初のアストロンという実用腕時計が発売された。当時の価格で45万円であった。当時としては、ちょっとした小型車が買える価格だ。それにもかかわらず購入希望者は多くいたと聞いている。画期的な技術に対して当然の対価だと思われた。クォーツ水晶振動子を実用的な大きさの時計にするまでにいかに多くの技術者が血と汗を流したか想像に難くない。

では、私の手元の時計はなぜ１００円なのか？　それはあまり製造コストがかかっていないからだ。でも、想像してほしい。この時計を作るためのどれだけの人たちが苦労を重ねてきたか？　知的な財産の塊というものが、たった１００円なのである。

前置きが長くなったので本論に入る。奇異に聞こえるかもしれないが、**知識とか技術というものは本来的に価値を持たない**性質がある。新規技術が高額なのは、それに費やされた労働力が多大であるからである。しかし、**いったん費やされた労働力の価値以上のものが回収されると、その知識や技術は無価値になる**のだ。

もっともそれを防ぐために特許というものがあるが、この特許という概念は極めて人工的なもので自然の理に反している概念である。知識や技術が無価値になれば当面は製品を作る製造コスト以上で売れれば良いのである。資本主義的な競合関係が厳しくなると限りなく製造原価に近くなる。

ここで考えてほしい。多くの経済評論家は21世紀には知的産業が成長すると予測していた。しかし、これはまったくウソである。知的産業は時代とともに凋落してゆくのだ。

なぜ、そのような勘違いが起こったかと言えば、技術革新で付加価値が取れると勘違いしたからである。実際は技術革新を得るのに費やした労働力を回収したに過ぎない。現実に知的産業が昔より盛んになったかと言えば疑問である。

今やITの世界でもただで利用できるソフトが多くあるし、知識を売る商売もお金が取りにくくなっている。知識を使う職業がより高収益になったとは言い難い。それは、知識や技術の本質を考えれば理解できることだ。

私が言いたいのは、**付加価値の真の源泉は決して知識や技術ではない**ということだ。知識や技術は賞味期限のある食料品のようなものである。知識や技術に依存すると非常に危険な面があるのだ。

**「付加価値の真の源泉とはなにか」を考えることがビジネスとして大切である**と痛感する。特に知識や技術は二次曲線的に発展する。だんだんと賞味期限が短い食品が市場に出回っているのと同じである。**知識や技術以外のなにかを追い求める心が経営に必要**であろう。

# 20 「2・6・2」を「4・5・1」に変えるために必要なこと

経営において**「2・6・2の法則」**というものがある。これは、どこの会社でも優秀社員が2割、並みの能力の社員が6割、ダメ社員が2割というものだ。優秀な資質を持った人材を採用する一流企業でも、資質の高い社員を採用しにくい中小零細企業でも、この比率はほとんど変わらない。

ある会社が資質の高い人ばかり厳選して採用し、社員の精鋭化を図ろうとした。入社当時は一見、社員が精鋭化したかのように見えたが、5年も経つとやはり「2・6・2の法則」があてはまったという。これによると、どうやら社員の能力は分化するものらしい。

なぜこんなことがおこるのであろうか？

原因は、「組織」という人間の集団にある。従来の組織構造に基づく組織は、2割の人を有能にし、2割の人を無能にする。言いかえれば、階層構造で人間を統率し、一つの目的を共有する組織においては、2割の人が生かされ、2割の人が殺されるのである。これは自然の摂理であるらしい。摂理とは非情なものである。

多くの企業は社員の精鋭化を図っていこうとしている。ある一定以上の能力が社員になれなければ業界で生きていけないことは、マネジメントの共通した認識である。

この「2・6・2の法則」が当てはまっては非常に具合が悪い。なんとか優秀社員の比率を増やしたいものだ。ここに自然の摂理に対して挑む知恵が必要となってくるのだ。

一般に社員を精鋭化しようとする企業が考えることは、社員の教育による育成や外部からの優秀社員の獲得である。しかし、こうしたことだけで社員の精鋭化ができれば、人事戦略は楽な仕事であろう。**本当に社員の精鋭化を図るには、組織構造の変革、権限のあり方の変革、集団の力学の変革といった多くの変革を伴わなければならない。**

これは従来の組織についてのパラダイムを超えた自然の摂理に対する挑戦である。より多くの社員を活性化させ、有能社員にすることは、個々の社員の幸せを作ることであり、良い企業業績をつくることである。こうした意味でマネジメントにおける責務は重い。

では、具体的にどうしたらいいのかが問題である。一般的にはすべての企業に適用できる法則などない。方策は個別の企業状況によってさまざまである。

しかし、**まずは組織と人間に関する洞察を深めることが必要**である。特にマネジメント層においては、**組織や権限構造をデザインする際に、徹底的に頭をしぼる努力をしなければならない。**個々の社員がいくら自己研鑽を積んで潜在能力を高めて有能社員となっても、組織の中で〝生かされ〟なければ、無能社員となんら変わりがない。また、自己研鑽というミクロレベルの努力とともに、**マクロの視点に立って、すべての社員が〝生かされる〟組織とはなんであるかを常に考えることも必要**である。

マネジメントの周知を集めた努力で**「４・５・１の法則」**が成り立つ会社にしていかねばならない。プラス２割の人間が優秀社員へ変わると、組織は著しく活性化される。また、「２・６・２」であっても、全体的なレベルの底上げがなされると、生産性は上がる。

多少、現実離れした話のように思えるが、こうした夢のようなことを真剣に考えることも、マネジメントとして意味のあることであろう。

# 21 人材採用をバクチで終らせないために人事がやるべきこと

ある日本の大手老舗企業の人事部長の言葉である。

「私はこれまで、社員の能力向上のための施策を25年間も考えてきたが、結論としては資質の良い社員を採ることが一番早い！」

私もこれには賛同できる面がある。どこの企業においても人事業務で採用が一番大切なのは異論のないところであろう。

未熟な人事は、ほとんどの場合、候補者の第一印象で八割がた決定する。どんな候補者でも「良い資質」と「悪い資質」の両面を持っているが、第一印象を見て採用か不採用かどちらかに旗を立てて質問するから、その候補者の良い面だけを引き出す質問をしたり、反対に悪い面を引き出すような質問をしたりして、自分の決定を正当化しようとする心理状態になる。

しかしながら、**第一印象ほど頼りないものはないという事実は、社会経験を豊富に積んだ人なら説明を要さない**であろう。また、**面接官も持っていない資質は、面接官には見えないもの**である。この点も留意したい。

さらに面接で候補者の本質を見極めることを困難にしているものに「**反動形成**」の問題がある。「反動形成」とは心理学の用語だ。**人間は、本能的に本来の自分の姿を隠そうという無意識の心理が働く**。これは、一種の防御本能で、誰にでも多少はある。ヤクザが煌《きら》びやかなルックスをするのも、本来は無力で弱い自分を潜在意識で認識しているからである。特に候補者になんらかの劣等感がある場合には、反動形成が出やすい。具体的には、誠実そうで、おとなしそうな態度の人が、実は内心は非常に傲慢な人だったり、明朗な性格だと見えても、実は暗い性格の持ち主だったりする。

反動形成の問題は、熟練した面接者が冷静に観察するとわかるという場合があるが、騙されるケースも多い。なぜなら、反動形成で本来の自分と反対の面を見せている当事者自身がそれに気づいていない場合が大半であるからである。

人を判断するのは非常に重要であることは百戦錬磨の経営者なら誰でも心得ている。また、実際に経営にしのぎを削ってきた経営者は確かな目を持っている場合が多い。しかしながら、人材の採用となると、ビジネス経験の浅い人事担当の仕事になる場合が多いものである。難しいのは、**人を見る目は机上の理論で習得できない**ことだ。やはり、採用担当者は、それなりの社会経験を持ち合わせ、心理的なバイアスを意識的に排除できる人でなければならない。そのためには、**人を判断する前に自己を判断する内観が必要**かもしれない。

採用した人材が本当に自社に貢献してくれるかどうかは、採用段階においては、ほとんど占星術の世界かもしれない。しかしながら、**いったん採用したら採用した人材の良き資質を最大限に引き出す努力も忘れてはならない**。採用はスタート地点であり、本番は、どれだけ眠っている能力を引き出せるかであるからだ。

**採用に全力を尽くし、能力開発に全力を尽くすことが人事の王道**であろう。

# 22 行きすぎた「成果主義」「目標管理」は会社をダメにする

人間のモチベーションは、〝**外発的報酬**〟と〝**内発的報酬**〟から成り立つ。しかしながら、人事制度というときは〝外発的報酬〟に基づいたものを指すことが一般的である。

これまで、毎年のように新たな人事制度が紹介されてきた。成果主義や目標管理という言葉が出てきて久しい。個人の成果が報酬に結びつくというコンセプトのものが大半であり、公正かつ合理的なシステムのように見受けられる。

社員をバーチャルな点で個人事業主として考えると、成果と報酬が結びつくことは当然であり、制度としても機能することが期待される。しかし、これはミクロな視点のとらえ方であり、経営的なマクロな視点に立脚すると多少異なった面が見えてくる。

パズル遊びに夢中になっている子供がいる。パズル遊びをしているときに一定の金銭的な報酬を与えると、報酬を与えない時間は遊びをやめて休むようになるという。本来、好きで遊んでいるのだから、報酬は関係ないはずだ。

これは自らの内的なモチベーションを外的な報酬と結びつけるという学習をさせた結果である。つまり、外発的報酬なしに、行動することが損だと感じさせているのである。遊ぶこと自体が楽しいという〝内発的報酬〟で動いていたモチベーションが、金銭的な報酬を与えるという〝外発的報酬〟によって壊されたということであろう。

日本に欧米からさまざまな人事制度がもたらされ、精緻なものが作られるようになっている。しかしながら、新しい人事制度を導入したことで、業績が飛躍的に向上したという例は少ない。業績に連動しないことに関して、従業員への刷り込みが足らないので長期的視点で刷り込みを行わなければならないと主張する人事担当者も多い。

しかし、私は少し本質を外しているのではないかと懸念する。**〝外発的報酬〟に目を向けすぎたために〝内発的報酬〟をないがしろにした結果ではないのか**と思うのだ。

〝内発的報酬〟とは、仕事の内容自体を楽しみ、そのプロセスや成果について自分の中で報酬を与えることである。人間がロック・クライミングなどの危険で厳しいことをやろうとするのは、すべて内発的報酬が脳内で与えられるからに他ならない。他の人には苦行としか見えないものも、本人にとっては内発的報酬が与えられることもあるのだ。マラソンでもランナーズハイという状態になると言われる。

脳内麻薬のメカニズムも医学的に解明されてきているが、どうしたら内発的報酬がもたらされるのかを人事的に考察することは意味のあることである。

誤解なく説明すると、私は外発的報酬に基づく人事制度を悪としているのではない。**外発的報酬に偏重するあまり、内発的報酬を無視する傾向が最近の人事制度に見られる**と危惧しているのである。つまりは、両者のバランスの問題である。

このバランスが壊れたときに人事制度は機能せず、逆に経営的にも悪い影響を及ぼす。人事制度の目的は、全体最適というマクロの視点でもっとも企業がパフォーマンスを高めることである。**今後の人事責任者は、視野狭窄《きょうさく》に陥った職人ではなく、広い視野に基づくジェネラリストとしての資質が求められる**であろう。

# 23 社員を速く育てたければ、試行錯誤させることがもっとも効率的

あるメーカーの貿易部門の話である。比較的大きな企業であるが、貿易部門の社員の平均年齢は26歳だった。管理職の課長でも32歳である。かなりの額の取引をしているが、はっきり言って貿易に関しては素人集団であった。ビジネスをこなしていかなければならないが、相談する相手もいない。失敗しても叱る先輩・上司もいない。こうした環境で、なんとか業務をこなせたのは取引先の銀行や通関業者などのアドバイスがあったからだった。

このような混沌とした勤務環境に社員が置かれた結果、どうなったであろうか？　結果は、急速に社員が育ったのである。通常では10年選手が持つような実力を2年ぐらいで持つようになったのである。必要に迫られ知識・経験を急速に積んだというわけだ。

話は変わって、私の娘が小学校6年生のときに「携帯電話が欲しい」とねだり、渋々ながら

購入したことがある。そして、なんと彼女は複雑な機能を1日ですべてマスターしてしまった。どうして、そんなに早くマスターできたのかと問えば、とにかくいじり回したそうである。マニュアルは読んだのかと聞くと、そんなものは読んでも理解できないと答えた。とにかく、興味本位でいろいろな機能を試行錯誤で試したようだ。

大人の場合は、通常はマニュアルを参考にしながら機械をいじる。さらに中高年になるとマニュアルをいったん読んでから、恐る恐る機械にさわる人もいる。でも、**試行錯誤がいちばん速いマスター方法**なのだ。

試行錯誤がなぜ早期に人間を教育してくれるのであろうか？

答えは人間の脳の思考回路にある。一冊の本を作ることを考えてみれば、わかりやすい。書く内容は興味に従ってアトランダムにアタマに浮かんでくる。しかし、本にする段階になると序章から始まり、論理的な体裁に順序を整えるものである。でも、本に書かれている順序でものごとを考えたわけではない。論理は思考の整理であって、発想の順序ではないのだ。

さらに例を挙げると、病院である病気だと診断されたとする。自分がどのような病気なのか調べるが、医学上のことはよくわからない。大まかな内容を把握したあと、詳細な部分を逐一調べていく。そうして、最終的にはどのような病気かを掌握する。興味というモチベーションで優先順位をつけて調べていけば、その病気に関しては短期間で医者と同等の知識を持つことになる。

つまり**試行錯誤というのは、必要性や興味によって、自然な形で優先順位がつけられた情報を学ぶこと**である。**脳のメカニズムに沿って、情報をインプットしていくので早期に膨大な情報を学習できる**というわけだ。人間は必要に迫られたときにはじめて学ぶようになっているのだろう。そうでなければ、膨大な情報を無秩序に取り入れたら、アタマはパンクしてしまうのだ。

ところで、試行錯誤の重要性は認識できるが、会社の中で本当に試行錯誤をする余裕ができているだろうか。多くの経営者は失敗させないように事前に教育をする。しかし、こうした教育は本当に効率がよいものであろうか。

もちろん、事前教育は必要なことではある。しかし、一方で、**試行錯誤が許される余裕のあるマネジメントがなされているか**問う必要がある。教育における試行錯誤の意味をもう一度考えてみたいところだ。

# 24 全体の20％を改善するだけで、組織改革は成功する

業績に懸念を持っている経営者の中で、既存の企業メカニズムを全部壊し、新しいメカニズムを導入したいという人をよく見かける。現状に行き詰まりを感じているのだから、気持ちはよくわかる。新しいものを構築するには古いものを壊す作業は必要だ。

しかし、私の知るところでは、こうした組織改革に成功したという例はない。知らないだけでなく、無理ではないかと思っている。多くの場合、試みが現実性を帯びず、宙に浮いたプランとなっているからだ。

組織改革をするのにすべてを変える必要があるのだろうか？　私は、**業績の良い企業とそうでない企業の組織文化の違いは、感覚的であるが20％ぐらいにすぎないと思う。**

実際、物事は20％ぐらい変われば、結果も見違えるぐらい変わるものだ。営業を例にとっても、20％ぐらいの営業力の差が受注に結びついたり、失注したり、と結果を分けている。優秀な営業もダメな営業も、コンピテンシーの点では20％ぐらいの差しかないのだ。

したがって、なにもすべてをゼロベースで構築し直す必要はないのだ。そして、**この20％を良い方向に変革することができれば組織改革は成功に終わったと言える**のである。

そこで、どうしたら組織変革プロセスを成功に導けるかについて述べたい。**あらゆる組織改革の要素を抽出し、「変えてよいもの」と「変えてはならないもの」を選別する**ことが必要だ。変えてはならないものは、自社の優位である要素だ。むしろ、使い方によっては優位になりうる要素と言ってよいかもしれない。この抽出は日常で意識されていないので非常に難しいが、意識的に抽出することだ。

そして、残りの要素は変えてよい要素なのだ。どのように変えればよいかは、ブレーンストーミング的な衆知を集める方法でもよいし、コンサルタントなどを加えてもよいだろう。注意したいのは、変革された要素は、変えない要素に対しては〝異物〟である。変革されたものと変革されなかったものは化学反応が必ず起こる。副作用として悪い状況が出てくるかもしれない。

しかしながら、マクロの視点でさらに優位な組織ができる状況がめざす結果でなければならない。こうした成功には、組織というものの力学に精通する必要がある。変革を行った結果、どのようなプロセスで組織が成長するかという読みが必要であろう。

あたりまえの話であるが、**組織改革を行うのに試行錯誤的なアプローチは好ましくない**。組織が一定の慣性力を持っているので、なんども改革するというプロセスは組織を混乱させるだけだ。

高いところに登るにも、低い階段を一段ずつ登るしかないのである。所詮、人間がジャンプできる高さは限られている。自分がどのぐらいのジャンプができるかを知らねば、階段さえ登ることができない。20％の組織改革と書いたが、ひょっとしたら自社の跳躍力は５％であることもあるのだ。その場合は４回ジャンプすれば良いだけである。

世の中に斬新な組織改革で会社を変えていけるようなことを提言するコンサルタントは多い。しかし、私は**常に現実的なアプローチで地道に成果を出していく**というのが、基本だと感じている。

# 25 P／Lの改善よりもB／Sを良くすることを意識しよう

プロのコンサルタントが、企業の財務諸表で真っ先に見るのは「貸借対照表（B／S）」である。それは会社の実態をまず知りたいからだ。そして、次に「損益計算書（P／L）」を見て経営成績を知る。思考回路が〝**実態**〟⇓〝**業績**〟なのだ。しかしながら、経営者の多くは〝業績〟⇓〝実態〟という思考回路をいまだに持っているように感じることがある。

サラリーマンであるときは〝業績〟の概念が一番大切である。いかにしたら、業績が伸ばせるかに腐心し、それに向けて努力する。業績の上がることが、至上命題であり、これによって自分自身の成績が測られるからだ。

しかし、経営者がこうした思考回路を持っていると、マクロの視点での経営判断に狂いをもたらすことがあるのだ。**経営者はむしろ実態、すなわち「貸借対照表（B／S）」をいかに良**

**くするかに腐心しなければならない。**要するにサラリーマン時代の思考回路を逆にする必要があるということである。

なぜ、このようなことを書くかといえば、**「貸借対照表（B／S）」を良くしようという意識で経営を考えると、自然に「全体最適」で物事を考えられるようになる**からである。「損益計算書（P／L）」を良くしようとするのは、「部分最適」をもたらすだけなのだ。

目先の利益を優先するあまり、無理な投資を行ったりして、経営全体がおかしくなった話は非常に多い。意思決定の影響が「貸借対照表（B／S）」にどのような影響を与え、マクロ的な展望でどのようなことになるのかの判断をしなければならないのだ。

ある社長の話である。順調に業績を伸ばしていた会社が次第におかしくなり、倒産に追い込まれた。経営の基本を再度勉強しようと、ある勉強会に参加することにした。そこでは、ひたすらいろいろな企業の財務諸表と企業の実態を見る活動をした。

２０００社以上の財務諸表を見ているうちに、「**長期で成長を続けている会社は、損益計算書（P／L）よりも、むしろ貸借対照表（B／S）を良くしようという意識で経営をしている**」ということに気づいたそうだ。

非常に単純なことに気づくまでに相当の努力と時間を要したそうである。決して難しい経営理論の話ではない。単純な気づきである。しかし、この単純な気づきがいかに大切であるかを痛感したそうである。

真理は意外に単純である。しかし、こうした単純な真理こそ経営の行方を左右する重要な要素となることも多いのだ。私が「損益計算書（P／L）」よりも「貸借対照表（B／S）」のほうを意識して経営をするべきだと言っても、なんと当たり前のことを言っているのかと一笑する人もいるかと思う。

しかし、はっきり言わせていただくと、一笑するのは経営の失敗でどん底に落ちたことがない人だ。本当に経営的な失敗をし反省をした人なら、私の話に心あたりがあると思う。

**経営は「部分最適」だけを求めて行うと失敗する。常に「全体最適」の判断をしなければならない。そして、「全体最適」の思考をさせてくれるのが「貸借対照表（B／S）」を常に良くしていこうという強い意識なのである。**

こうした単純な話はわかる人には〝わかる〟が、わからない人には〝戯言《ざれごと》〟にしか聞こえないであろう。経営的な失敗をする前に、わかってもらいたい話でもある。

# 26 リストラをしても、全体最適の成長にはつながらない

景気の低迷とともに企業の業績が不振になれば、経営者は人件費が過剰なのではないかと懸念を持ち始める。自社の人件費が適正であるかどうか診断して欲しいという依頼も少なくはない。具体的な数字の裏づけがなければ、感覚的な過剰感だけで、どうすれば良いかがわからないからである。

そこで社員一人当たりの売上や利益を出してみたりする。しかし、一人当たりの売上では、売上が上がりさえすれば、人件費も上がって良いという理屈になる。一人当たりの利益では、人件費以外の費用がかさむと一人当たりの利益は小さくなる。これは人件費のせいではない。

そこで一般的には、適正な人件費水準を考えるときに「**労働分配率**」を使うことになるのだ。「労働分配率」とは、人件費を付加価値で割ったものである。この数値は業種業態によってさ

まざまであるが、5年ぐらいの経年推移を見ると、大体適正な水準が見えてくるものである。

さて、ここからが問題である。仮に労働分配率が適正水準より高いと判断されたとする。この事実は3つの可能性をはらんでいる。

1つ目は、**従業員が多すぎて明らかに人数的に過剰な雇用をしている可能性**。2つ目は、**個々の社員の給与水準が適正水準より高い可能性**。3つ目は、**人件費が高いのではなくて総付加価値が低い可能性**だ。

これは社員の問題というより、企業が人件費というリソースをうまく使って付加価値を生み出せなかったという経営者の問題である。もっとも、すべてのケースが3つのパターンに分けられるわけではなく、原因が複合している場合もある。

しかし、この数値が高いということは、3つのケースの可能性があるという事実情報に過ぎない。どのケースであるかを決めるのは事実判断ではなく、経営者の価値判断の問題なのだ。

ものごとを批判したり評論したりするのは、何の知性も創造性も要しない。ものごとを具体的な方策で改善していくことこそ、もっとも知的な労力が必要な仕事である。

同じように過剰人件費だと認識してリストラを行うことは簡単である。過剰な部分をどのように削減すればよいかを考えるだけでよいからだ。一方、付加価値が足らないと認識して、**どうしたら付加価値を高められるかを具体的に考えることは非常に高度な仕事**となる。ともすれば、安易な道を選びやすい。

しかし、経営者はこの2つの別方向のベクトルを同時に考えながら対策を打たねばならないであろう。私はこれが**経営のバランス感覚**だと思っている。**このバランス感覚が欠如すると部分最適な目標達成はできるが、全体最適の成長は難しくなる**からである。

いろいろな企業を見ていて感じるのは、長期的に発展するのは、このバランス感覚のとれた企業である。**部分最適の解決策には即効性があるが、長期的に有効であるとはかぎらない**。

こうした**全体最適指向型のマネジメントは、欧米企業よりも日本企業のほうが優れていると**感じることが多い。最近は経営手法も欧米化してきているが、日本人独自の知恵にもとづいたマネジメントも決して捨てたものではないと私は感じている。

# 27 微差が大差になる本当の理由

世の中の企業はお互いに競合状況にある。儲かっている企業も、そうでない企業も大きな差がないように感じる。実際に大きな差はないのだ。

小さな差を作ることでも多大なコストがかかったり、エネルギーが必要であったりする。したがって、微差を作り出すことはないがしろにされることがよくある。

しかしながら、**「神は細部に宿る」と言われるぐらい、細かい差異が重要となることも多い。**

私は英語ができる。あるとき友人に「日本語で会話していても、英語のできない人は直感でわかるよね」と言ったら、英語のできない友人に「そんなことないだろ」と笑われてしまった。でも、実際にわかるのである。説明しにくいが、英語ができる人はなんとなく体から出るオーラが違うのだ。

もう一つの例。ゲイの人間が歌舞伎町で往来する男性を見ていると、誰がゲイであるかわかるそうである。別にオカマっぽい恰好をしていなくても、すぐにそうした人を嗅ぎ分けられるのだ。そしてナンパをするそうである。

さらにおもしろいのは、本人がゲイであると自覚していない中高生がナンパされることがあるが、ナンパされた後で自分にそのような要素があると目覚めることがあるという。

さらにもう一つ。詐欺師は誰が詐欺に引っかかってくれるか３分しゃべっただけでわかると言われている。ちょっとしたオーラの感じで詐欺にひっかかる獲物を嗅ぎ分け、ターゲットとしているわけである。

私がここでなにを言いたいのかと言えば、**人間の識別能力は、超能力に匹敵するほど研ぎ澄まされている**ということだ。これは自分を外敵から守る本能から来ているもので、数億年の歳月を経て研ぎ澄まされてきた能力である。だから、人間は数億人の顔を瞬時に判別できるし、するどい認識力で判断を間違わないのだ。

商品にしても普及品もブランド品も品質の上では微差になっている。しかしながら、どうしても細部へのこだわりや配慮が異なっている。ブランドだけ立ち上げても、こうした細部の差をないがしろにしたブランドは滅んでいる。消費者はこの細部の差にブランドのブランドたる価値を見出し、高いお金を払っているのだ。

これは商品だけでなく、サービスに関しても当てはまる。**一流のサービスほど細部に配慮されたものである。**良いものを知り抜いた顧客は瞬時にそれを見抜き、値踏みをする。**細部にこだわるということの意味を再度、考えてみたいものである。**

# 28 オレオレ詐欺に引っかかるのは、なぜ老人ばかりなのか？

景気の低迷が続いて、賃金が伸びないという。しかし、本当に景気が低迷しているから賃金が伸びないのであろうか？

この論理で行けば、景気が回復すれば賃金が上昇していくことになる。しかし、現実はそのようにはならない。賃金は需要と供給で決まることは明白である。公務員は別として、多くの中小企業では20万円で雇える人材に25万円の給与を出すところはないだろう。**賃金は当分の間はどのような経済状況となろうともデフレ傾向である。**少なくとも東南アジアの低廉な賃金水準と同一になるまではそうである。

気の毒なのは現代の若者だ。彼らは正規社員であっても賃金水準が低い。正規社員であれば将来において賃金が上昇すると思っている。いま働いている中高年は彼らよりはずっと賃金水準が高い。それを若者は経験を積むことでより高度な判断力を必要とするから当然であると思っている。**いくら優秀で賃金が低くても、まだ若いから仕方ないと思う儒教的な年功序列の意識がどこかにある**のだ。

儒教思想は江戸時代において安定した社会構造を構築するのに大きく貢献した。そして、これは現代の企業社会においても大きな影響を及ぼしているのだ。要するに安く使われる若者を納得させるにはいい思想だ。

いまどき、年功序列の会社など存在しないという人もいるかもしれない。しかしながら、意識の根底としては脈々として流れている思想である。一般に意識が変わるのは200年とか300年という歳月が必要だと言われている。われわれは、まだ江戸時代の意識が潜在意識に刻まれているのである。

しかしながら、こうした意識を露骨に出して若者のモチベーションが上がるわけがない。だから、判断を伴うような仕事は若者にはやらせない。若者も経営に関しては長い年月を必要とする経験に裏づけられた深い判断があるものと信じている。

しかし、**企業において40歳以上にならないとできない判断力などほとんど存在しない**。むしろ年齢とともに判断力も落ちてくると考える方が科学的である。社会問題化している「オレオレ詐欺」の被害者もすべて老人だ。老人が若者にこうした詐欺を働いたという例はない。中高年以降になるとすべての能力が落ちてくる。体力・記憶力だけではなく、判断力においてもそうである。

**現在の日本企業は、中高年以降の社員を儒教的な思想に裏づけられた「判断力があるという理由」で高いポジションを与えているわけだ。**欧米の企業との比較で考えてもらいたい。職務に合った賃金という合理性が日本人の潜在意識まで浸透するのにまだ時間がかかるであろう。

日本企業にこの儒教的な妄想から脱却して、社会を動かす原動力になるような逸材が出てもらいたいと願うところである。文化はすぐには変えることはできない。しかし、**文化は徐々にではあるが着実に変わってきていることをすべての経営者は認識するべきであろう。**

【第3章】

# ヒトの心に関する思考と気づき

# 29

# 社員が〝精神性〟を持つとき、企業は人間的な価値創造を行う

お酒のブランドに「上善如水」というのがある。なんとなく意味ありげなネーミングなので、知り合いに意味を尋ねた。知り合いは簡単に意味を解説してくれた。

水は特別に色を持たないが、その性質はどんな器にも入る柔軟性を持つ。また、あるときは大河の流れのように穏やかで、またあるときは激流のごとく激しくなり、その性質に無限の可能性を秘めている。こうした水の如き生き方を善しとする言葉である。非常に東洋的な英知に富んだ深い言葉である。

古来、日本には、茶道、華道、柔道、剣道などの多くの〝道《どう》〟がある。すべてに共通することは、一つの分野において、スキルの上達のみならず精神的な向上を究極的な目的としている

ことだ。つまり、単なる物理的な技術の向上だけでなく、限りなく精神的な高まりを求めているということである。

何事をするにも〝**道を極める**〟という発想はいかにも日本的であり、何事にも精神性を追求するのは日本国の文化であろう。

ところで最近は、日本企業において、自分の仕事になんらかの精神性を見出す人々が減ってきているように感じる。

理由は、厳しくなる経営環境下で各社ともぎりぎりの経営を強いられていて、目先で生き残ることに必死であり、精神的な余裕が持てなくなっていることにある。また、すべてを数値的な合理性で考える競争原理も影響している。資本主義的合理性に立脚すれば、社員の精神性などは意味を持たないものかもしれない。

しかし、**企業はヒト・モノ・カネの物質的な経営資源のみではなく、見えざる資産からも成り立っている。社風、社格、伝統といったものはすべて社員の精神性を反映したもの**である。

「**コーポレート・アイデンティティ**」ということが一昔盛んに言われたが、この中心となるマインド・アンデンティティは、**企業の精神性**にほかならない。

こうした要素のない企業は単なる収益を生み出すマシンでしかない。言い換えれば**機械的に収益を生み出す存在であっても、人間的な価値創造を行える主体とはなりえない**。企業でヒトを活かすインフラは、決して物質的なものだけではなく、精神的なものであることは充分に認識したい。〝人はパンのみにて生きるにあらず〟である。

企業が収益の極大化を絶対的な使命として持っている以上、業績至上主義は当然である。しかし、こうした企業の冷徹な論理に基づく経済活動の中にも、社員が個人的にささやかな精神性を見つめて働くことは非常に意義深い。**社員が精神性を持つときこそ、企業も精神性を帯びる**。

**〝儲かる〟企業を築くことも重要であるが、〝質の高い〟企業を築くことも重要**である。日々の業績に始終すると、マクロの視点での大切なことが見えなくなる。何事にも余裕のない時代かもしれないが、多忙な業務活動の中にも、**自分の仕事に何らかの精神性を見出す余裕**が欲しい。

**個々の社員が尊厳ある精神性を持つとき、企業は初めて人間的な価値創造ができる**。そして、**企業の精神性は長期にわたって企業の質に影響を与える**ものであると信じている。

# 30

# 新規事業・新製品開発は、「運」「鈍」「根」による成功が多い

かなり昔の話である。ヒット商品開発の成功要因を調査するために、日本の代表的な化学会社にベンチマークスタディを行い、さらに元開発者とのインタビューで調査を試みたことがある。

実はこの調査は化学会社以外の産業が高付加価値製品を開発するために、どのような経営慣行（ビジネス・プラクティス）が成功要因となっているかを探り、自産業の新製品開発の参考にしようとしたものであった。

かなり周到に用意された質問票をもとにデータを分析したが、作業は難航した。企業によって新製品開発に関わるビジネス・プラクティスはさまざまであり、共通する要素の抽出には至らなかったのである。作業の進展が見えないまま個別に元開発者とのインタビューに入ること

になった。

インタビューしたのは、ほとんどが上場企業の元開発者だが、会社への貢献を買われてか、すでに役員となられている方々が多かった。日本を代表する化学会社の役員と数多くインタビューしているうちに、次第に一つの結論らしきものが見えてきた。

もともとこの調査は、「ビジネス・プラクティスが新製品開発に影響している」という仮定のもとに行われていたのであるが、実は、**新製品開発の成功はもっと泥臭い個人の執念というべき粘りから生まれてきた**ということがわかってきたのである。

関西のある化学会社の例である。この会社の高収益商品の一つに、自動車に使うエアーバック剤がある。商品の着想がいいとのことで、当時20人以上が専任開発スタッフとしてとりかかった。しかし、作業はうまく進まず、思うように結果が得られない。2年後には、結果が出ないものに開発投資はできないということで、開発者は半減された。

企業の論理としては当然である。その後、開発作業は順調に進まず、一人抜け、二人抜けといった具合で、数年後には、たった一人になってしまった。しかし、一人になったこの開発者は、周囲の冷たい視線のなかで、製品として完成させるまで作業を続けたそうである。

なんとか製品として使えそうなところまできたとき、カナダのエアーバック剤の製造工場で火災が発生、日本で製造できるところはないかとの打診が舞い込んだ。そして、なんとか製品化された商品は輸出向けに爆発的に売れることになる。さらに今日においても高収益商品の柱となり、当時の開発者は、後に常務取締役にまでなった。

これはほんの一例に過ぎないが、いわゆる「**運・鈍・根**」で事業を成功させた例が圧倒的に多い。ここには経営学でいう成功要因といったスマートなものはない。**実に泥臭い個人の努力と執念の結果**であり、**運**も作用している。

こうした例に多く触れると、いかにスマートに理論武装された経営学も、実際の製品開発に役に立たないことが多いかがわかる。

どのような企業でも大きく発展していくためには、新たな事業の確立が必須である。**新規事業の成功は決して会社のシステムだけにあるのではなく、個人の粘り強い執念にある**ということを他社の例から教訓として得たいものだ。

# 31 〝生かし合う〟企業文化が組織を活性化し、収益力を育てる

国語辞典で「**文化**」という言葉を引くと、〝**自然に働きかけて、人類の生活の水準を高める努力**〟と書いてある。単なる習慣ではなく、努力であると書かれているところに含蓄がある。

企業文化というものも、社員の行動様式や社内の暗黙の習慣というよりは、**ある目的に向かう努力**であるととらえるのが正しい考えであろう。ここではこうした視点から企業文化を考えてみたい。

企業文化の究極の目的は、〝**みんなが幸せになるシステム**〟である。〝みんな〟というのは、株主、経営者、社員、顧客といった企業活動に関わりを持つすべての人々である。この目的に向かって努力することが企業文化である。

こう言うと非現実な理想論に聞こえるが、私は現実に叶えることができる指針が一つあると

思っている。それは、〝**生かす**〟ということである。

たとえば、上司は部下の能力を最大限に生かす努力をする。どうしたら部下の潜在的な能力を最大限に引き出せるかを、脳細胞を徹底的に潰してまで考え抜く。反対に、部下はどうしたら上司を生かすことができるか、また、同僚がどうしたら能力以上の仕事ができるかも考えてみる。

すなわち、自分の関係する人をすべて〝生かす〟ということをマクロの視点から考え抜くことである。**すべての人がお互いに〝生かしあう〟企業文化のある会社では、組織も活性化し収益力もついてくる。そして最終的には株主や顧客の満足にもつながっていくであろう。**

しかしながら、こうした〝生かす〟という企業文化を築きにくい場合がある。どんなことかといえば、〝**社員が私心に囚われるとき**〟である。

たとえば、上司は自分の身の保全を考えて部下に仕事を教えない。部下は上司が気に入らないので足を引っ張る。気の合わない同僚に対しては、手助けをしないといったことである。

積極的に私心に囚われて悪意のあることをするのではなく、ただ相手を〝生かす〟努力をしないのであれば、当人はなんの罪の意識もない。さらに恐いのは〝生かさない〟ということが慣れになってしまって、何の疑念も持たなくなってしまうことである。**人を生かすことのできない企業は、偏狭な個人主義が蔓延する。**個々の社員は決してレベルが低くないのに、組織として力を発揮することができない。当然のことながら悪循環的に収益も悪くなる。

では、どうすれば人を〝生かす〟ことのできる企業文化を築けるのであろうか？　それは社員が〝**他利**〟に徹することであろう。**常にマクロの視点から私心なく他者を生かす**ことである。そして、**そうした努力をしている人に報いるシステムを会社として持つ**ことである。

自らを殺し、他者を生かすという概念は、西洋的な個人主義にはない、日本が世界に誇れる美学の一つである。昔の高度成長時代には、こうした美学がまだ生きていた。しかし、日本企業のマネジメントが欧米化していく過程で、我々は世界に誇れる崇高な理念を忘れかけている。

再度、〝**生かす**〟ということを考えてみたい。

# 32 経営における合理性とは、〝論理〟と〝感情〟が混在したもの

これまで、いろいろな会社を見てきたが、論理という「理屈」だけで経営が行われている会社はひとつもない。常に「感情」で、〝認識〟と〝選択〟をするという意思決定をするところがほとんどである。したがって、会社を動かす原動力のひとつは「**感情**」であるというのは間違いのないところであろう。

そこで感情を動かすものはなにかについて考えてみたい。当然のことであるが、感情と論理はまったく別の次元のものである。**論理は知的な作業であるが、感情はむしろ〝愚かさ〟によって動かされることも多い。**〝愛〟と〝愚かさ〟が同義語であることを考えると納得のいくところであろう。

本当に経営が論理という「理屈」で成り立つなら、もっともアタマの良い人材がビジネスで

成功するはずである。現実はそうではないということに異論を唱える人はいない。

私はここで、「感情」で意思決定をやりましょうと提唱しているのではない。**会社が「感情」で動いているという事実認識をしたうえで、どうしたら合理的な経営ができるのかを考えましょう**と提唱しているのだ。

感情という言葉自体が、非論理的、非合理的というニュアンスがある。しかし、感情を科学することは人間の組織において排除できない要素なのである。所詮、世の中のメカニズムは、〝好き〟と〝嫌い〟のパーセプションからなる二元論のゲームなのだ。

そうは言っても、感情だけでものごとを成功させるわけにはいかない。論理も一方では必要な条件だ。論理の伴わない経営など混沌の極みでしかない。

問題なのは、**論理と感情はトレードオフの関係であることが多い**からだ。多くの経営者は、ある特定の課題解決に「情」をとるか「理」をとるかに迷うことになる。両方とも相容れない要素であるから、同時に満たすことはできない。どちらをとっても100点であるというわけではないのだ。

そうしたとき、私はこう考える。すなわち、経営における「合理性」とは、論理による合理性とはまったく違うものである。経営における合理性とは、〝論理〟と〝感情〟を混在させたもっとも最適な状態と定義したい。

そのように割り切れないから、経営者は悩むのである。要は定義と割り切りの問題なのだ。また、大事は「理」をもって、小事は「情」をもってという考えの経営者もいる。これも、それなりに合理性のある考え方であろう。

感情という要素の重要性を述べたが、**経営者は〝自分の感情〟と〝他者の感情〟を客観的な醒めた目で見る資質が必要**である。感情で動くのは組織であって、経営者であってはならない。経営者は常に感情の力学を応用して、組織を動かしていかねばならないからである。

**自らが感情で動いていては、組織を動かすことはできない**。ちょうどテコの視点がぶれるようなものだからである。感情の力学は、どのような高度な科学も分析できない、人間のもっとも知的な学問であると私は思っている。

# 33 〝負〟のインセンティブに注意！

社員のモチベーションを高め、生産性を上げようと考える企業は多い。モチベーションの原動力とはなんであろうか？　個人的な資質の問題もあるが、企業という集団としての視点からこれを分析的に考えてみたいと思う。

海外で行われた有名な実験で、２つの集団に分けたマウスについての研究がある。ひとつのマウス集団は、ボタンを押すと必ずえさが出る。もうひとつのマウス集団は、ボタンを押すとえさが出たり出なかったりする。一定期間、えさを取る行動を学習させた後に、えさがまったく出ない状況におく。すると、ボタンを押すと必ずえさが出るマウスはボタンを押す行動をしなくなるが、時々しかえさが出なかったマウスはボタンを押し続ける。競馬やパチンコにはまっている人間を思い浮かべれば、人間も学習の面からはあまり高度な動物ではなさそうだ。

ところで、この実験のミソは、動物は期待値を学習することでモチベーションを得るということである。期待値を学習させるためには、まず、えさの味を覚えさせることだ。

**うまく機能している企業の営業インセンティブプランは、容易に到達できる目標で少ないながらインセンティブが支払われる。そして、インセンティブの味を学習させたあとに、より高いハードルを課している。**

人間は実際に味をしめるまで、決してモチベーションを高めないと考えるのが妥当であろう。非常に単純なことだが、意外にも、会社のあるべき目標を課しているだけのインセンティブプランも散見される。経営サイドに立ったら当然の施策かもしれないが、心理学的には疑問である。

**到達しにくいインセンティブプランは、時として、〝負〟のインセンティブプランとなる。**

どういうことかと言えば、「どうせ頑張っても、報われない」という概念を学習することだ。いったん、ネガティブなモチベーションを学習すると、人間は無気力になる。

マウスの例だと、どんなにボタンを押してもえさが出ないシステムは、マウスをボタンから遠ざける。ささいなことであるが、日常の学習の積み重ねが意欲と関係していることは明白だ。

健全な社会は、努力をすればそれなりに報われる社会だ。そうでなければ、人々は無気力を学習することで、新しいことへのチャレンジなどしなくなるであろう。社会の問題は政治の問題なので、如何ともしがたいが、企業においてはマネジメントの考え方次第で何とでもなることではなかろうか？

ポジティブなインセンティブに関しては、効果がわかりやすいので、考慮する企業は多い。反面、ネガティブなインセンティブ体質を持った企業は、その実態について気づいていないケースが多い。特に成果主義などの表面的な施策の背景で、見落とされている要素かもしれない。

**常に個人の努力が、何らかの〝報酬〟を伴う会社でなければ、健全な企業文化にはならない**であろう。言うまでもないが、報酬とは、金銭的なものだけでなく、精神的な報酬も含まれる。**ポジティブなモチベーションもネガティブなモチベーションもすべては、日々の学習によってもたらされているということを認識するべき**であろう。

# 34 大切なのは目の前で起こっていることに対する冷徹な観察と洞察

経営者と話をしていると、歴史上の人物のことがよく話題になる。「織田信長はこうだったが、徳川家康はこうだった」というような話が交わされる。

しかしながら、私は、織田さんにお会いしたこともなければ、徳川さんにお会いしたこともないのである。そんなこと言われても、ちょっと困ってしまうのだ。

これは我々がいかに妄想の上でものを考えているかという例である。「リストラを行いたいが、社員の志気が落ちるしなぁー」などと真剣な面持ちで語る経営者もいる。しかし、リストラと社員の志気の間に本当に因果関係が存在するのか本当のところはわからない。

人は想像力のある動物であるがゆえに、時として妄想に騙される。そして、**妄想から間違った意思決定をしていることも多い**のだ。ある意味で想像力をネガティブに使うと妄想となるのであろう。

では、なぜ人間は妄想を抱くのかは、本質的には見えざるものに対する怖れから来る。見えないものは、怖いのだ。古今東西、存在の明確な〝お化け〟などは存在しない。お化けは、必ず存在のわからない暗いところにいる。

「あー、こういう仕掛けになっているのね！」と言われたらお化けの存在意義は霧消する。光を当てただけで、消え去る存在にどんな力があるのか、疑問である。

さて、経営者が妄想に騙されないためにはどうしたら良いのだろう？

まず、**森羅万象に対する観察力を養う**ことである。そして、**自分が実際に経験したことを照らし合わせて、自分なりの理屈を考えるクセをつける**ことであろう。

なにより、大切なのは**目の前で起こっていることに対する冷徹な観察と洞察**である。いろいろな知識があり、コンセプトを操れる高い知能を持つと、冷徹な観察力が失われることもあることを留意したい。

とくに、恐いのは特定の考えを持つ集団にいるときである。反社会的なカルト集団などをイメージするとわかりやすいが、周りが同じ考えに染まっていると、自分だけまったく違う考えを持つことは難しい。

これは、カルト集団でなくとも、企業でも言える。ほかの人と違った考え方は、奇異であり、その人を孤独にする。人間は、孤独に弱い哀しい存在なのだ。

本当に自分だけの観察と洞察でものごとを考えることは、孤独である。しかし、この孤独を乗り越えなければ他人との本当の差別化はできない。成功する経営者は、みんな孤独なのである。また考えたことを実行するには勇気も必要だ。**成功するということは、ほかの集団とはなにかが違う**からである。

「付和雷同」という言葉は、悪い意味で使われるが、無意識に周りの集団に付和雷同している人は多い。もう一度、**本当に自分のアタマで物事を考えているかを問う必要**がある。**自分にとっての真理は、自らの体験と思考によらなければならない**と思う。

# 35 会社は〝見えざるバランス〟で成り立っている

この世の中の森羅万象すべてが、バランスしているという真理がある。すべての力のベクトルがバランスしているから物事は静止しているのである。反作用を伴わない作用は存在せず、静止しているものはいろいろな力のバランスにおいて現状の位置を占めているのだ。

これは、目に見える物理的なモノにも当てはまるし、目に見えない精神的なものにも当てはまる。目に見える世界に関しては、物理学に説明を譲るとして、ここでは目に見えない世界のバランスを考えたい。

たとえば、体調が悪くて医者に行くとする。医者は「ちょっと、ホルモンのバランスが崩れていますね！」などという診断をすることがあるが、これはウソである。その人は、ホルモンの分泌の異常によって、自らの体のバランスをとっているだけなのだ。

**人の心の世界もバランスの上に成り立っている。**極度にストレスを受けると、何かで発散したくなったり、体調を崩したり、人によっていろいろな形態でバランスをとろうとする。慢性的に病気を抱えている人もいる。この人は、慢性的に病気を抱えることで自分自身のバランスをとっているのである。

心に劣等感のある人は、劣等感を埋めたいという潜在意識が働くので、心のバランスをとるために特定の行動様式をとることがある。まわりの世界を冷静に見てみると、思い当たることもあるかと思う。

ところで経営の話である。**会社が繁栄していても、衰退していても、それはバランスがとれた状態であるという認識が必要**である。すべてのことに見えざる合理性の力が働き、現在の現象が表れているのだ。

バランスとは、言葉を変えれば似つかわしさでもある。一流の経営陣のいる会社には、一流の人材が集まってくる。逆に品格のない会社は、質の悪い取引先や社員を引き寄せることになる。すべてはバランスがとれた状態で現在が存在しているのである。

会社の場合、現状の状況を理想とするなら、このようなことを、あまり考える必要はない。

ところが、多くの会社は変革することで、現状から一歩でも高いところへ登ろうと考えている。

私は、こうしたことを考える会社に、**現状のバランスがどんな力でとれているのかを分析的に考えてもらいたい**と思っている。なにごとも、あるべき姿を追う前に行わなければならないのは、現状の分析である。個人的には、**この分析ができると課題の9割は解決されたようなものだと思う**。なぜなら、とるべきアクションは自動的に導かれ、あとは実行するだけの話だからだ。

ただし、**会社というものは、見えざる力のバランスの上にできているので、これを見抜くには非常に鋭い洞察力を要する。**ここを見抜けるところが経営者の実力かもしれない。

なんらかの方法でバランスが崩れると、モノはバランスを求めて動き出す。そして、その動き方には、〝加速度〟がつくのは、物質世界でも同じである。1000トンの岩でも、1グラムのバランスが崩れれば、ゆっくりではあるが動き出す。そして、バランスが取れるまで、加速度を増すものである。

経営におけるバランスに関してもう一度考えてみたいところだ。

# 36 成功するビジネスは１００％成功し、失敗するビジネスが１００％失敗する

事業展開において、確率でものを考える経営者がいる。「成功する確率は、50％ぐらいかなぁ」などと言う。そして半分ぐらいは成功を皮算用している。

しかし、**この世の中で起こる事象で確率によって起こることなどひとつもない**のだ。すべて、**起こるべくして起こる**のである。成功すれば成功するべくして成功するのであり、失敗するなら失敗するべくして失敗するのである。**あらゆる要素が複雑怪奇にからまって、寸分狂わぬ結果を出している**のだ。ただ、どのような要素が複雑に絡まってどのような結果が出るかがわからないので、あいまいに統計的に考えるのである。どんな世界においても因果の摂理は絶対であり、例外的な現象などないのである。

コンピュータの世界でも少しでも不具合があるとシステムは１００％止まる。「こういう不具合があれば、コンピュータシステムが止まる可能性は80％」などということはありえないの

だ。機器の接続がうまく行かないと未熟な技術者に限って「相性が悪い」などと言い訳する。しかし、相性などというものは存在しないのだ。必ず原因があり、それがわからないだけなのだ。

人間は自分たちのわからないことを便利な言葉で表すものだ。特に確率というような数学的なことを言うと、なんとなく科学的に聞こえる。しかし、こうした方便に騙されてはいけないのである。

なぜ、私がこのようなことを述べているかと言えば、**物事の現象は絶対的だという認識が経営者には重要**と思うからだ。なぜ重要なのかと言えば、こうした**絶対的な法則の結果と認識することで、物事の取り組み方が変わる**からである。

物事の結果は、複雑怪奇な因果によって絶対的にもたらされるとしても、人間ができることは限られている。言い換えれば、できることはできるが、できないことはできないのだ。それ以前にどのような要素が結果をもたらすかさえ理解できるものではない。

しかしながら、**できることとできないことを明確に分けて、できることを最大限に探すことが必要なのである**。制御可能要因と制御不可能要因を明確にし、制御可能要因を徹底的に洗い出すのである。制御可能要因に人知を尽くして失敗すれば、失敗することが絶対的なのである。

よく、物事がうまく行かなかったりすると、「運が悪かった」などと言う。しかし、この絶対的な摂理を認識している経営者は、「運」などとは考えない。**「運」というのも確率と同じように、物事をあいまいにする方便である。**

したがって、倒産する会社は倒産するべくして倒産する。発展する会社は発展すべくして発展する。**結果を確率、時代、運などのあいまいな方便で弁解するメンタリティは排除すべきな**のだ。

人間は弱いものである。時として冷徹な摂理の結果をあいまいな方便に逃げたくなるものだ。しかし、方便とは、他人が苦しんでいるときに、慰めの言葉で使う程度のものであろう。経営者はこうしたあいまいな要素を決してあてにしてはならない。

いろいろな経営者と接していると、意外にも確率、運、占い、縁起などにこだわる人が多い。しかし、自らを占うのは自分自身であり、行動するのも自分自身なのだ。

絶対的な因果の法則に向き合うことは、孤独である。しかし、この姿勢が結果を大きく変えることもあるのではないだろうか？

# 37 成長中に〝根〟を張る努力をしなければ、会社は倒産する

自然の大木を下から注意深く見ていると、うねりをあげながら天にそびえ立っているように見える。しかし、土の中にはそれを支える根がある。そして、その根は地上の木を支えるのに十分な大きさだ。木は自分の根で支えられる以上のものを地上には作らない。つまり、地上の木の大きさは根の大きさによって決まるのである。どんな台風が来ても枝が折れることはあっても、木が倒れるということはない。自然の摂理のすごさを感じる次第である。

ところで、会社にも「**根**」というものがある。それは会社を支えている要素すべての総和である。しかし、自然界と違うところは、**会社は根を張る大きさ以上に、一時的に成長することがある**点だ。ちょっとした時流に乗ったときや、景気が良い時期に起業した場合である。こうした企業は外部環境の変化にすこぶる弱い。

表面的に成長したとき、経営者はこのまま会社が成長すると錯覚する。しかし、いったん経営を支えていた外部要因の一部が変化し始めるとすぐに倒産してしまうことも多いのだ。20年ぐらい前にあった会社で、現在も元気で存続している会社は大企業を除くとごく一部である。**倒産した会社に共通するのは、経営者が上に成長することばかりを考えて、下に根を張る努力をしなかったこと**であろう。さらに言えば、下に根を張るという認識自体がなかったのである。会社の状況が順調であれば、根を張るという意識がなくなるのかもしれない。

会社の根は、会社が経営的な困難に直面しているときに、なんとか生き延びようとする努力の中で張るものかもしれない。困難に直面しないと努力しないのは、人間も会社も同様である。会社がうまく行っていると、ほとんどの経営者が傲慢になる。実力で成功したと思ってしまうのだ。

成功しているときに根を張ろうという意識を持つことは難しいことかもしれない。よほど意識の高い経営者でなければ認識しないであろう。

しかし、醒めた経営者なら現在の会社を創りあげることもなかったかもしれない。会社を創るには、主観的なモチベーションの高さが必要だからだ。したがって、**経営者の資質として、主観的なモチベーションの高さと、反面、醒めて謙虚に物事を考える姿勢が必要ということになる。**

私の経験からすると、この両面を持った経営者は非常に少ないと思う。モチベーションの高い経営者は、醒めた社員を嫌う。そして、自分と同じようなモチベーションのベクトルを社員に要求する傾向がある。しかし、冷静に考えると、物事を客観視するような社員の効用もあるのではないかと思う。なぜ、その社員はそのような考えをするのかと、ちょっと考えてみる必要があるかもしれない。

もちろん、会社の根を張るという意識は、経営者だけに必要なものではない。社員の個々の業務において意識されなければならないのだ。

所詮、会社は経営者だけの力で運営できるものではない。**経営者の役割は、社員に会社の根を張る意識を持たせること**であろう。どのようなメカニズムで大木が育つかを社員に丁寧に教えることである。

意識づけの意義は明確であるが、どうしたらよいかわからない経営者も多い。そうしたときは外部のコンサルタントなどを使うのも一つの方法であろう。**根さえ張れば、いつかは地上に大木が育つという認識を経営者も社員も持つことが必要**である。

# 38 経営者の劣等感は百害あって一利なし

経営者とお話していると、自分自身の実績や能力を過大評価しているのではないかと感じられる人がときどきいる。明らかに〝**自己認識のバイアス**〟がかかっているのだ。自分自身を客観的に醒めた目で認識していないのである。そして、心のどこかで周囲に対して自分への賞賛を求めている。社員もそれを敏感に感じ取るのでイエスマンばかりが取り囲む。それがその会社で生き残る術なのだ。そして、多くの場合は業績が伸びない。

どうして〝自己認識のバイアス〟が強いのであろうか？　コンサルティング経験を積むうちに、背後に経営者の**自分自身に対する劣等感**があるということに気づいた。

すなわち、自分の劣等感を〝自己認識のバイアス〟という形で、心のバランスをとっているのである。物理の法則と同じように、心の世界も常にバランスがとれるようになっているのだ。

しかし、このような心のバランスに立脚したメンタリティで経営を行っても良い結果は出ない。そこで、なんとかその点を正してあげたいと思うのだが、現実には難しいこともある。やはり、人格にかかわるようなことを指摘するべきではない。なんとか本人に気づいてもらうしかないのである。本当にコミュニケーションの難しさを痛感する。

多くの本には、劣等感をバネにがんばることが良いことのように書かれている。しかし、これには疑問の念を禁じえない。

品質の悪い燃料で車を走らせるようなものだ。**経営者が劣等感を持っていて良いことなどひとつもない**と思う。特に経営というもっとも状況を客観視しなければならない仕事においては、メリットはまったくないのではなかろうか。

〝自己認識のバイアス〟が強ければ強いほど、物事を正しく判断できない状況になる。**すべての行動の動機が劣等感を埋めるという動機から生まれるので、合理的な行動ができなくなる**こともある。

**経営者自身のメンタリティの歪みを正すのは自分自身でしかない。**自らの気づきがなければ、無理な話である。

これは、**他者から教示されてもたらされる気づきに限界がある**というひとつの例である。したがって、すぐれた経営者の多くは、〝**内観**〟の習慣を持っていることが多い。瞑想というと大げさだが、心を真空状態にして、自分の思考方法や行動を冷静に分析することである。もちろん、コンサルタントやトレーナーの力を借りることも有効であろう。

しかし、通常は〝内観〟の必要性を感じていないものである。こうした人は、〝自己認識のバイアス〟というものを経営に対する自信であると勘違いしている場合が多い。

そして、信念や理念に自信があれば成功できると思っているわけである。さらに、世の中に出回っている成功本などを読み漁り、自らの信念や理念に対する自信を強めるわけだ。本当は、それ以前に内観によって自らを客観的に分析するほうが先なのだが。

ときにはコンサルタントとしての限界を感じる次第である。

# 39 ネガティブな言葉を経営者が発してはならない理由

経営者の仕事はプレッシャーが多いが、常に自分のモチベーションを維持しなければならない。会社の社員であれば、会社がモチベーションを高めてくれる施策を打つことがあるが、経営者にはそれがない。モチベーションの維持はあくまで自分自身の責任においてしなければならない。

では、経営者はどうして自分のモチベーションを維持できるのであろうか？　ひとつには**ネガティブな言葉を発しない**という習慣である。ネガティブなことはリスクを考える上で考えなければならないことであるが、言葉に発してはいけない。

なぜ、言葉に発してはならないのかと言えば、聞いている相手も愉快ではないからという理由だけではない。実はほとんどの人は気がついていないのだが、言葉を発することで人間は自己洗脳しているという事実があるからだ。

どうも人間の潜在意識は、逆転構造になっているらしい。相手に対してネガティブなことを言うと、潜在意識は自分にネガティブなことを言われたと無意識に知覚するらしい。ちょっとわかりづらい話だが、簡単な例を挙げる。たとえば、落ち込んでいる人を励ますとする。そんなときに励まされた人よりも、励ました人の方が元気になるということがあるのだ。おそらく、こうしたことを経験した人も多いだろう。

これは潜在意識が他者に向けられた言葉を自分に向けられていると無意識に解釈するからだ。したがって、ポジティブなことを発すれば、ポジティブな刷り込みが無意識の中でなされることになる。太古の昔からこうした潜在意識のメカニズムを体感していたから、言葉には力が宿るという「言霊《ことだま》信仰」が生まれたのだと思う。

考えてみれば、**習慣による無意識への刷り込みは大きく結果を左右する**。宗教の多くは、なんらかの形で祈り、読経などの習慣がある。これも無意識への刷り込みという自己洗脳だ。

**潜在意識は健在意識よりはるかに大きい領域だと認識されている**のが現代の心理学である。ポジティブに洗脳された無意識は時には大きな力を発揮してくれるものである。無意識は意識へ影響し、意識は行動に影響する。そして、行動は習慣となるのだ。

**現実に能力があるのに成功していない人を見ると、ネガティブな発言が多いと気づく**ことがある。本人も自分のネガティブな発言がいかに自分の無意識に影響を与えているか気がついていないのだ。これはそれなりの社会経験を積んで世の中を見てきた人ならうなづけることではなかろうか？

言葉をポジティブにするということは人格を変えるということである。これは簡単そうに見えて難しいことかもしれない。なぜ言葉の大切さを強調するかといえば、言葉を変える以外の方法で人格を変えることなど難しいからだ。

言葉の持つ力を潜在意識への働きかけであると分析的に捉え、どこかで意識していることは大切なことではなかろうか。日本語はもっともさまざまな表現のできる言葉であると思っている。**ときには言葉の持つ力や影響力を考えてみることも意義あることであろう。**

# 40 経営者で無視できない、周囲のサポートを受ける力

周りの起業家を見ていて、若い（美人の？）女性の起業は意外と軌道に乗ることが多い。多くの場合、はっきり言って経営などしたことのない素人だ。当然ながら経営に必要な知識など限られている。

しかし、案外といろいろな人がサポートしてくれて、ものごとがうまく行っているケースが多いのだ。たとえば、取引に障害が出てきたときに適切にアドバイスをしてくれる人が現れる。ビジネスの関係で人の紹介をしてもらえる。要するに周囲の人がサポーターになってくれるケースが圧倒的に多いわけだ。

別に「女は得だな」というような男女差別的なことを言おうとしているのではない。**ビジネスを行うにあたって周囲から友好的なサポートを受けることが非常に大切だ**と言っているだけ

である。特に経営基盤の弱い中小企業の場合は、周りからサポートされるか、足を引っ張られるかで結果が大きく変わってくる。どうしようもなくなったときに、差し出される手は神の救いであろう。

でも、こうしたサポートを受ける度合いは、人によってかなり差異があるように思える。いわば〝**サポートを受ける力**〟というものの差だ。

たしかに周りからサポートしてあげたくなるようなキャラクターの人はいる。この要素は大きな経営資源だと思うのだ。所詮、人の能力というものは知れている。ひとりでは大きなことはできないのだ。

なぜ、私がこうした当たり前のことを言っているかといえば、**こうしたことを考えない経営者で失敗する例が意外に多い**からだ。

起業当初は、本能的に周囲からのサポートを受けやすいキャラクターになっている。しかし、いったん少しばかりの成功をすると、カネの力で人は動くようになる。すると自分の能力とカネの力があれば、経営していけると勘違いする人が出てくる。そして、周囲の自分をサポートしてくれるサポーターの存在を忘れてしまうのだ。

自分自身が損得の論理だけで周りを動かしているのだから、周囲も損得の論理でしか接してくれない。そして、所詮ビジネスはそういう厳しいものだと納得してしまう。気がついたら損得を超えたサポーターが誰もいなくなっている。

いったん、会社の状況が悪くなると坂道を転げるように転落していく。そこではじめて、内観したときに、自分にはサポーターがいないということに気づくのだ。しかし、いったん事業に失敗したら再起は非常に困難である場合が多い。

サポートを受けやすいキャラクターの例として、若い女性を挙げたが、これはあくまで一例である。

**人は経済的に成功すれば、無意識のうちに失っているものがある**ことを認識しなければならない。現在、**事業が軌道に乗っている経営者も自分がどのようなサポートを受けているか内観する必要**がある。

また、**本当に自分には周囲からサポートを受ける資質があるのか問うことが必要**である。世の中を動かしているのは、決してカネという手段の損得勘定だけではないのだ。周囲の暖かい応援があって会社の基盤は作られる。**損得勘定だけの冷徹な経営者になりきることが成功の鍵ではない**ということを認識したいものだ。

# 41 新たな価値感の創造こそが企業生き残りの生命線

ある禅宗の僧侶が、「禅宗の将来のあり方は?」と質問されて次のように答えた。

「消滅ですな。はじめがあるものはすべて終わりがある」

たしかにこの世の中のものには、はじめがあれば必ず終わりがある。企業活動での利益の源泉の一部は、「**価値観**」というニーズへの充足である。「価値観」とはなんとも実態のはっきりしない「空」のような存在だ。これもはじめがあれば、終わりがある。

流行といった表面的なものではなく、人々が意識の底で持っている「価値観」は時代とともに変わっていく。変わっていくというより、消滅して、新たなものが出てくると言ったほうが適切かもしれない。では「価値観」とはなんであろうか?

そもそも**人間は自由に「価値観」を持っているのではないという認識が必要**である。無意識ではあるが自分自身を正当化する勝手な「価値観」を持つのだ。ある特定の「価値観」を持つことで、現状の自分を正当化しようというメカニズムなのである。

したがって、人にはいろいろと個性があるから、「価値観」の持ち方もさまざまである。**企業経営において考えなければいけないのは、あくまで多数派となった「価値観」**であろう。

バブルの時代は、贅沢こそ美徳であるような「価値観」が生まれ、高価なブランド品が飛ぶように売れた。みんな時代の波に乗ろうとして、より高級なもの、より快適なものへの嗜好が強かった。中には借金までして身の丈に合わない消費をした人も多い。実際にいまの時代から考えると無駄なお金を惜しげもなく使ったものである。

しかし、時代は変わり格差社会の中で大多数が豊かではない時代となるとどうであろうか？再度言うが、「価値観」というものは自分を正当化するためのものである。世の中の流れが贅沢品を求める「価値観」から、低価格・普及品を求めることへ移るのは自然な流れだ。要するにバブルのときは、経済も膨張していたが、消費者の「価値観」も膨張していたのだ。これがなんらかのきっかけで霧消してしまうと、あらゆる生産能力は過剰となってしまう。こうして不況が不況を呼ぶ状況は想像に難くない。まさに消費者のニーズは「価値観」という実態のない「空」のようなものなのだ。

しかし、死にゆくものがある反面、生まれるものもある。「価値観」の新陳代謝である。つまり、新たな「価値観」がニーズの充足を求めて現れることもある。しかし、そうした待ちの姿勢では儲けは出ないであろう。

「価値観」の充足において、**新たな「価値観」を創造する姿勢が必要**なのだ。そのためにはかなりの戦略的な仕掛けと資金が必要となるかもしれない。そうなると中小企業には難しい課題にも思える。しかし、**自社の体力の中で、顧客に「価値観」を提唱して、それを受け入れてもらう知恵は出せる**のではないかと思う。

知恵を絞ればできることはあるはずだ。やはり、**常日頃から、「価値観」を創造して、それを売るというコンセプトを持っていることは大切**であろう。〝色即是空《しきそくぜくう》〟も真理なら〝空即是《くうそくぜ》色《しき》〟も真理なのだ。「空」から「色」を作り出すこととはなんであるか考えてみる必要がある。

私は、「価値観」の創造がいろいろな企業で行われてこそ、経済は健全になると信じている。

# 42 〝怖れ〟の感情が経営者の平常心を狂わす

倒産寸前の会社の社長と会うと、夢遊病にでもなったかのような人がいる。すでに合理的な判断能力をまったく失っていて、そこにつけ込む悪い人たちもいる。現在の状況をどのように的確に処理していかなければならないかを考える能力を失っているのだ。

これは、倒産にいたるプロセスの中でさまざまなことを悩んだ心労のせいであると思う。しかし、心労だけではなく、背後に〝**怖れ**〟の感情があることがほとんどだ。**人間は〝怖れ〟の感情を持ったときに〝平常心〟を失う**。

たとえば、床に幅10センチのテープを貼り、その上を歩くとする。普通の人は難なく歩いて渡ることができる。しかし、同じ幅の廊下が断崖１０００メートルのところにあったらどうであろうか。ほとんどの人が、足がすくむであろう。震える足で恐る恐る歩いても、バランスを崩してまっさかさまに転落することもあるかと思う。

事実としては10センチの幅を歩くという同じことが、〝平常心〟を保った状態と〝怖れ〟を伴った状態ではまったく違うのである。**人間の合理的な判断を狂わすものは、この〝怖れ〟が正体なのだ。**〝怖れ〟は人間の本能から来るものであろう。したがって、状況が人間を〝怖れ〟に陥れるとしたら対処する方法はないようにも思える。

しかし、人間は同時に自分の感情を客観的に分析するという能力も訓練で身につけることが可能である。自分の感情をすべて分析できるなら、そこにはもはや〝怖れ〟はない。分析することで、いままでの〝怖れ〟は霧消する。

とはいえ、ほとんどの場合、自分自身が〝怖れ〟に陥っているという認識はない。おそらく〝怖れ〟というものは潜在意識にまで侵食して根づくものだからだろう。しかし、第三者から冷静な目で見ると、明らかに〝怖れ〟ているのだ。したがって、〝怖れ〟を克服することは、言うように簡単ではないかもしれない。

**一番簡単なことは、「平常心」を常に持った人間をそばに置くことであろう。**倒産状態になると、いままでの関係した人たちが蜘蛛の子を散らすようにいなくなり、孤立無援となることが多い。そうしたときにでも、見守ってくれる人を持つことである。信頼関係があり、かつ「平常心」を常に持っている人間を企業参謀につけることは大切なことである。

企業も調子の良いときは、自分を賞賛してくれて、同じ志を持っているような人材がいる。そして、その状態がどのようなときにでも続くと思っているのだ。しかし、現実には、倒産すると孤立無援地獄が待っている。自分はただ〝怖れ〟るだけの人にしかならないのだ。

こうしたことは、状況が悪くなって初めて気がつくことであるが、それでは遅い。**状況の良いときにこそ、社内および社外に有用な人脈を築いておくべきであろう。経営危機に陥ったときは、もはや経営理論も戦略も関係ない。一番大切なのは、経営者の心だと私は思っている。**

経営者が常に「平常心」で危機に対処し、的確は判断を下せれば、危機を乗り越えられるのはよくあることだ。私は、精神論は好きではないが、**心の問題も経営課題のひとつ**だと感じている。

# 43 浪花節だよ、モチベーションは

経営者から社員のモチベーション向上施策を尋ねられることがよくある。コンサルティングの世界ではいろいろなモチベーション向上施策があり、ある程度の成果があがることもある。しかし、本当にモチベーションというものは施策だけで向上させられるものであろうか？

以下は、ある中小企業のお話である。

社歴の古い会社であるが、ある時期まで順調に業績を維持してきた。ところが、外部環境の変化とともに、業績が急速に落ちてしまい、倒産寸前の状況になってしまった。債権者に追われ、社員に賞与を払うどころか、10万円の支払いにさえ困ってしまう状況になった。

意を決した社長は業績をありのままにすべての社員に公開して、会社の窮状を社員に伝えた。当然、会社を存続させるためにリストラも頭によぎる。しかし、これまで会社を支えてきてくれた社員および家族の生活を考えると、どうしてもリストラだけはできなかったという。ボーナスも昇給もないが、社員は文句を言うことなく懸命に働いてくれるのだ。社長も社員も現状を打破すべくなりふりかまわず、会社の存続に努力していた。

そんなとき、年末のボーナスも払えないが、せめて社員をねぎらうために、お年玉袋に1万円ずつ入れて社員に配ろうとした。すると女子社員の中には、「会社がこんな状態なのにもらえません」と泣いてお年玉袋を返そうとする者が出てきた。まわりの社員も一様に「もらえません」と言う。社長はなんとか拒否する社員を説得してお年玉袋を受け取ってもらったそうだ。

この会社には、現状の技術だけでは生き残れないので、新規技術を開発する必要があった。このままだと会社は沈没するだけである。不可能にも思える技術開発であった。しかし、社員は「できません」と拒否するのではなく、日夜、新規技術の開発に取り組んだ。そして休日も返上して努力を続ける。うまく行かない日々が続いた。しかし、やがて技術開発の目処が立ち、なんとか事業の柱にすることができたのだ。

そして一度は沈没しかけた会社は再び浮上する。そして、時を経てなんとか安定的な経営が保てるようになった。背後には従業員のモチベーションの高さがあったことは間違いない。

こうした背景として、**経営者の社員に対する愛情**があった。もし、倒産でもしたら社員は路頭に迷う。社長自身が社員および社員の家族を守ってやる必要があるのだという強い想いがあった。そして会社を支えてきてくれた社員に対する感謝の念も忘れたことはない。社員の方も社長のこうした想いを感じ取っているためか、自分の会社や同僚に対する愛情が非常に強い。

愛は非合理の世界である。社長も社員の生活を守るためになりふり構わず努力するが、社員も損得抜きで必死に会社に貢献しようとするのだ。

**企業は状況が悪くなったとき、はじめて労使関係の質が表れる**ものである。もし、冷徹な論理だけで物事を判断していたら、リストラをしても、この会社はすでに倒産したであろう。

この会社には小手先のモチベーション向上施策などはない。モチベーション施策どころか、整備された人事制度さえ怪しい。しかしながら、会社の存亡の危機に際して、火事場の馬鹿力を発揮するほど社員のモチベーションが高いのだ。

こうした例に触れると、欧米的な小手先のモチベーション施策など、薄っぺらなものに感じる。やはり**モチベーションの原点は労使関係**かもしれない。日本的な浪花節の世界であると笑われそうだが、もう一度、モチベーションの本質に関して考えてみたいものだ。

# 44 物事を肯定的にとらえることの大切さ

よく起業家とサラリーマンのDNAは違うなどと言われる。成功する人の多くは20代や30代の比較的若い時期に創業し、40代以降に会社が発展するケースが多い。

では、経営者に必要なDNAとはなんであろうか？　ちょっと奇妙な問いであるが、これに関して少し考えてみたい。


人は生きているうちにいろいろな経験をする。良いこともあれば、悪いこともある。経験とは、「事実」を認識することに他ならない。言葉を変えると、**同じ「事実」でもどのように認識するかで違った経験になる**ということである。

「事実」自体は色がついていない。これに意味をつけているのは心である。したがって、「事実」を経験として生かすためには、常に将来の役に立つように解釈しておく必要がある。そして何より大切なことは、事実を肯定形で解釈することであろう。「事実」は色を持たないので、否定形でも肯定形でも、いかなる解釈も可能である。

誤解なく言えば、否定形、肯定形とは決して言葉の文法の話ではない。では、肯定形で解釈するとはどういうことであろうか？

たとえば、ギャンブルで負けたとする。「負けた」というのは否定形である。これを肯定形の言い方にすると「遊んで対価を支払った」となる。そう考えると、楽しんで遊んだのだから、今度は仕事を頑張ろうという思考になる。

「負けた」という否定形で考えると、悔しいのでなんとか取り戻そうという意識になる。恋愛にしても「失恋した」というのは、否定形である。しかし、「他のもっと良い相手に導かれている」と考えると落ち込むことも少ない。

要するに**肯定形でものを考えると人間はエネルギーが湧く**のである。ビジネスを行う上でもっとも大切なのは仕事に対するエネルギーであろう。

単なるポジティブシンキングになろうと言っているのではない。**「事実」を肯定形に変換していく思考回路のクセをつける必要性**を言いたいのだ。

理屈では簡単なことであるが、潜在意識レベルにまで、この意識を落とし込むことは決して容易ではない。常日頃から、意識的に自分の思考回路を検証する必要がある。少しばかりの知能と努力が必要かもしれない。

**ビジネスで成功する人は、こうした肯定形で物事を認識し、将来に役立つ経験とすることが無意識に自然体でできるようになっていることが多い。**これは、周囲を観察しての私の正直な感想だ。論理より観察のほうが真実を伝えてくれるという前提であるが、真実だと思う。

肯定形の思考回路ができると不思議なことに否定的な言葉が少なくなる。ぜひ、周りの人たちを観察してみて欲しい。**否定的な言葉をいつも発している人で成功した例はほとんど見ない。**逆に言えば、能力があっても、否定的な言葉を発するクセのある人は、人生に報われていないことが多いように思える。言葉はあくまで最終的なアウトプットであるが、これが出てくるのに思考回路による影響を常に受けているのだ。

冗長な話になったが、**若いころから肯定形の思考回路がある人に成功の可能性が高い**ということを言いたかったのである。内観とは自分の思考回路の検証のことかもしれない。無意識の自分を意識的に分析するということも時には意味のあることであろう。

# 45 偉大な成功も「目の前にある」できることをやった結果にすぎない

ビジネスに限らず、どんな世界にでも成功している人がいる。成功したいと思う人にとっては、どうしたら成功できるかを知りたいところだ。成功に関して、いろいろな書籍が出ていることからして、一般人の興味は深いものがあるのであろう。私自身もコンサルタントとして非常に興味がある。

しかし、真実は非常に単純で、**どんな偉大な成功を収めた人も「目の前のできること」をやっただけに過ぎない**。目の前に現れる事象に応じて、それを一生懸命にやっただけなのである。極めてつまらない真実だ。あえて言えば、**目の前に現れたことのなにをやって、なにをやらなかったかの選択でしかない**。

したがって、成功するには特別な方法論があるわけではなく、所与として与えられた条件を生かせたかどうかだけである。

なぜ私がこのようなつまらないことを書いているかと言えば、目の前の事象を無視して、まだ現れぬことに対して一生懸命にエネルギーを割いている人が多いからだ。

たとえば、ビジネスに役立つ人脈を作りたいとする。人間はそんなに多くの人と一生のうちに出会えるはずはない。そして出会いは常に予期せぬものである。すばらしい人との出会いを考えるのも良いが、**まず、自分の周囲にいる人を大切にするべきではないか**と思うのだ。そうすれば、不思議に新たな出会いができたりする。

自分に与えられるものは、世界に同じ顔をした人がいないように、人によってさまざまである。与えられたことをやることしか人間はできないのだ。できることはできるが、できないことはできないのである。

**まずはできることが何であるか気づくことが一番大切**なのである。できないことや不得意なことを初めからやらないという割り切り方ができれば、ずいぶんとエネルギーの節約になるであろう。

究極的にはコンサルタントの仕事は経営者にできることを一緒になって考えてあげることであると思っている。できるにも関わらず、経営者自身が気づかないこともあるからだ。できることや得意なことを淡々とやるにはそんなにエネルギーが必要とは思わない。**苦しみながら成**

**功する人は、この世に存在しない**と思っている。

学生でもそうだ。勉強が苦痛で成績の良い学生はいない。勉強のできる学生は勉強が好きで、勉強することが楽しいのである。傍から見ると努力家で立派に見えるが、実際に立派なことをやっているわけではない。できることだけを着実に行い、物事が進展してゆくのは精神的に苦しいはずがないからだ。こういう意味で、私は成功した経営者の苦労話というのは、本当の苦労だと思っていない。

人間が一番苦しむのは、できないことをやろうとしたときである。できないことというのは、できる可能性のないことだ。

サラリーマンの世界においても、自分の能力を超えたところに会社からの期待値を設定されると非常にストレスを感じる。場合によっては、自分から退職することさえある。それほど、できないことをやろうとすることはエネルギーを消費するのだ。

**成功にはできることだけをやれば良いし、特別な苦労は必要ではない**と私は思っている。

【第4章】

# マーケティングに関する思考と気づき

# 46 顧客満足の本質は、〝潜在〟ニーズを満たすこと

**顧客満足**という言葉は、今では陳腐化しているほど使われている。すべての企業が業績向上のためにはCS（カスタマー・サティスファクション）が大切だと言っている。

しかしながら、顧客満足という言葉が単なるスローガンであって、実際には顧客満足を実現するための具体的なアクションがまったくない企業もある。こうした企業においては、顧客満足という言葉は、社内で従業員間の無理を通すための〝水戸黄門の印籠〟でしかない。ここでは、顧客満足について再度考えてみたい。

顧客満足とは、主観的な概念である。顧客がなにかを依頼するときには、必ず依頼した事項の結果に対する〝**予測**〟がある。もし、結果が〝予測〟どおりであれば顧客満足が生まれることはない。当たり前のこととして認識されるだけである。

たとえば、結婚式の進行を考えてみればわかる。すべての人がトラブルなくスムースに事が運んで当たり前と考えている。もし、少しでも不手際があれば大きな不満となるが、事が順調に進んでも当たり前のことでしかない。もし、結婚式場が顧客満足をもたらすとしたら、顧客が〝予測〟していないなにかが存在しなければならない。

次に、顧客の工場の機械が壊れてサービスマンを呼んだときを考えてみよう。もし、顧客が、サービスマンが2時間で駆けつけて、すぐに修理を終えることを〝予測〟していたとするなら、そのとおりのことをしても顧客満足をもたらさない。しかし、顧客が「サービスマンが駆けつけてくれるには3〜4時間はかかるかもしれない。サービスマンが来ても、ひょっとするとすぐに修理が終わらないかもしれない」と思っていたなら、同じことでも顧客満足が生まれることになる。

つまり、顧客満足は、**「顧客がどのような〝予測〟をするかを変数とした関数」**なのである。そして、この〝予測〟は、世間の常識や競合他社の動向から決まることが多い。

こうした観点で、現代企業の置かれている業界環境を考えてみると、最近は顧客の〝予測値〟が非常に高くなっている。〝当たり前のこと〟が〝当たり前にできて当然〟といった経営環境である。逆に、これができないと相手にされないというくらい厳しい環境である。こうした環境下で顧客満足を得るには、単に顧客の顕在ニーズを満たすだけでは不十分である。なにしろ顧客は〝できて当たり前〟と思っているからである。

**このような環境下において、顧客満足を得るには、顧客の〝顕在ニーズ〟のみならず〝潜在ニーズ〟まで満たすようにしなければならない。**たとえば、顧客がいままで考えもしなかったような提案でソリューションを行うことなどである。

このためには、顧客の潜在ニーズを掘り起こし、顕在化させ、的確なソリューションを提案できる企画能力が必須である。単なる御用聞き営業ではなく、**実行能力を備えたコンサルタント**になる必要がある。こうしたプロセスが完全にできれば、顧客満足は必ず実現するはずである。

顧客満足に関して小手先の工夫を書いた本は多い。しかし、**小手先のテクニックではなく、顧客満足の本質に迫る方法で、顧客に満足してもらえる企業を目指すべき**であろう。

# 47 完全市場では、ビジネスアイデア自体に価値はない

かなり前から〝格差社会〟が社会問題として取り上げられている。一部の豊かなサラリーマンと低収入の労働者のコントラストが明確になってきたことを指している。そして、多くの人たちは、これを政治のせいだと考えているようだ。しかし、本当にそうなのであろうか？

私は、この格差社会の元凶は、インターネット普及などを含むＩＴ社会の産物だと感じている。すなわち、サラリーマンの仕事は、経験の浅い人でもマニュアルどおりに行動し、知識は適宜ウェブで検索して取得すれば業務がこなせる職種が大多数であるということだ。

したがって、知識偏重の教育などはあまり付加価値がなく、当然のことながら高い賃金を支払う必要はない。需要と供給で価格が決まるのは、時代を問わず普遍の真理だ。

その一方では、その社会システムを創造していく人材が必要となり、こうした人材は高付加価値をもたらすので、報酬は高い。要するに〝**知的資産のデジタル化**〟が背景にあるのである。

19世紀はじめの産業革命期に、機械が労働者の職を奪うという考えから、ラッダイト運動という機械の打ち壊し暴動があった。これを現代のＩＴ社会に置き換えてみると面白い。いずれにしても、時代の流れを止めることはできない。つまり、**ＩＴ社会において、いつでも知識や情報が手に入る完全市場化を受け入れるしかないのである。**

さて、このＩＴ社会からもたらされる〝完全市場化〟を経営の面から考えてみよう。昔は、ビジネスアイデアに価値があると思われていた。たしかに、情報にタイムラグのある社会では、一時的に斬新なビジネスアイデアが価値を生むことはあった。

しかしながら、**現代のように情報が瞬時に広まるＩＴ社会では、ビジネスアイデア自体は価値があるとは言えなくなった。**理由は非常に簡単でビジネスアイデアには〝参入障壁〟がないからである。

要するに、**情報が瞬時に手に入る〝完全市場〟においては、企業は参入障壁を築くことしか生き残る術はなくなってきている**のである。

参入障壁は、ヒト・モノ・カネの経営資源の運用から生み出すことのできる差別化だ。モノ・カネについては固定要素なので、資金力の面の差別化は大前提となる条件だろう。問題は**ヒトによる差別化**である。ヒトとは、個人的な能力、組織における能力の運用、社内のビジネスシステム等をすべて包含する概念である。人事戦略における組織活性化、社員の能力の向上、モチベーションのあり方などはすべて、完全市場における他社との差別化による参入障壁の構築にほかならない。

完全市場になればなるほど、参入障壁の意味は大きい。参入障壁の築き方は業種ごとにさまざまであろうが、**この参入障壁を常に作ろうというマネジメントの強いコミットメントのない会社は、市場からの退場を余儀なくされてくる時代はすでに来ている。**

空想的な成長シナリオを考えるのでなく、**いまある経営資源でどうやったら参入障壁が築けるのだろうかと問い続ける企業体質が完全市場に求められている唯一の生き残り策ではなかろうか？**

# 48 起業で成功するには、他社の優れたところを真似せよ

会社を起業することは大変だという。たしかに起業して軌道に乗ることのできる経営者はごく一部である。しかし、経営者となることがそんなにも大変ならば、なぜ世の中に多くの社長が存在するのか不思議なところである。

実は**経営者となることが大変なのではなく、失敗をせずに事業を成功させることが大変なのである。**自転車に乗れるのが大変なことかと言えば、そうではない。一度も転ばずに自転車に乗れるようになることが至難の業なのだ。つまり、起業においては**試行錯誤のプロセスに耐えうる資金力と精神力**が必要である。

ところで、多くの起業家の場合はどうであろうか？

自己資金をすべて投入し、金融機関から借り入れもする人が多い。試行錯誤がまったく許さ

れないぎりぎりのところで勝負しようとする。これでは成功する確率は低くなる。そして多くの場合、負債に対して社長自ら個人保証をしているので自己破産という最悪の結果に終わるケースが多い。自己破産をするにも１００万円程度の弁護士費用が必要だ。地獄の沙汰もカネ次第という世界になってくる。

このように、一度、失敗したら再起できないようなシステムが日本ではできているのである。

ところが、米国では個人が破産しても自宅と車と3万ドルの現金は保持してよいことになっている。日本でも自宅と車と３００万円相当の現金を残して、債務を免除されるなら再起の可能性は大きいであろう。

再起の可能性が高いということは、積極的にリスクをとれるということであり、起業家のチャレンジ精神を刺激する。中小企業施策という小手先の減税措置などはあるが、こうした抜本的なチャレンジ精神をバックアップする法整備は、残念ながら今の日本にはないのが現状である。

ここで日本の法整備の貧弱を愚痴ってみても仕方ない。起業においてどうしたら成功の可能性を高めることができるのかを考えるほうが現実的であろう。

一つは平凡な言い方であるが、**観察力を駆使して真似をすること**である。優れた頭脳を持った人が経験にもとづいて考え抜いたシステムを真似ることである。よく起業においては、オリジナリティが大切であると考えている人が多い。たしかに他人と違った結果をもたらすためには、他人と違った考え方をすることが必要である。しかしながら、その一方で、ほかの企業の優れた点を真似ることも大切なのだ。所詮、個人の頭で考えられる知恵などたかが知れている。**他人が考えた要素でも組み合わせ次第で十分にオリジナリティを発揮できる。**

もう一つは、**よき支援者を見つけること**であろう。自分の力だけではたいしたことはできないという謙虚な姿勢が必要である。自信という言葉はいい意味で使われることが多いが、起業ということに限ると諸刃の剣である。常に自分の行動を客観視する第二の自分を頭の中に置きたいものである。

独立環境の厳しさを考えると、将来は起業立国となるべき法律や施策が整備されることを願っている。今の日本には埋もれている技術やカネが他の国以上にある。日本人のモノ作りの精神や勤勉さは卓越したものがあり、潜在的な経済力は大きいと感じている。経済においても世界の中で主導的な役割を果たせる起業家が多く生まれる国家が私の理想だ。

# 49 「モノが売れない」と嘆く前に、価値感の創造と提供を徹底的に考えよう

かなり古い話である。東京オリンピックの記念硬貨として１０００円銀貨が発行された。その後、コイン収集ブームがあり、一時は時価1万８０００円ぐらいの値で取引されたことがある。40年近く昔のことであるから、いかに高額で取引されたか想像するのは容易だろう。

さて、現在の相場はどうなったであろうか？　市場価格は３０００円ぐらいである。なぜ、希少価値が変わらないものが値下がりをしたのであろうか？

話は変わって、私が学生時代に時計宝飾店でアルバイトをしたときのことである。

女性物の黒い文字盤の時計だけ、数多く売れ残っていた。そこで私はどんな女性にも「お肌が白いですね。こうしたお肌の白い方は、黒い文字盤の時計をすると、お肌とのコントラストでエレガントな雰囲気が出せますよ。これに黒系のドレスで決めれば、パーティーなどで大人

の気品が演出できますよ」などと言って、女性に片っ端から腕に時計をあてさせてみた。すると、ほとんどの女性は買っていったのである。もちろん、本当に肌が白いか、黒いドレスを持っているか、パーティーに行く機会があるかは、知ったことではない。

2つの話は一見なんの関係もない話のように思えるかもしれないが、実は**消費の本質**がここに隠れている。

すなわち、**人間は衣食住の生理的要求をかなえるだけでなく、「価値観」を購入しているの**だ。希少であることに価値観を持てば、レアものが欲しくなる。特定の生活シーンに価値観を置けば、そのシーンを実現させる道具が欲しくなるのだ。消費活動は無意識に行われていることが多いが、「価値観」を購入したいという欲求は想像以上に強いものである。人間はどんな犠牲を払ってでも、それを手に入れたいと希求するのだ。

したがって、**モノを売ろうとするということは、「価値観」を売るということ**であり、**どうしたら「価値観」を売れるようにできるか**はマーケティングの腕の見せ所である。

もし、人間が妄想による「価値観」による消費活動をやめたらどうなるであろうか？　答えは簡単で、生産性が需要を上回った段階で資本主義は滅びる。心理学的なアプローチを欠いた経済理論では、資本主義が成立するには、前提となる生産性があり、ある一定以上の生産性が実現されると雇用が削減され、消費主体も毀損される。

しかしながら、「価値観」を実現するという市場創造の世界では生産性が需要を超えるということは起こりえないのだ。なぜなら人間のイマジネーションは無限だからである。**「価値観」の創造と提供は、爆発的なポテンシャルを秘めている**のである。

昨今、モノが売れないと嘆く経営者は多い。しかし、**状況を嘆く前に、自社がどのような「価値観」を売っているのか、どのような「価値観」を創造すればマーケットが作れるのかを真剣に考えてもらいたい。**

「価値観」とは、実態のない妄想の世界の産物であるかもしれないが、人間はこれに縛られるという哀しい性《さが》があるのだ。実際に成功している経営者はこうしたことに敏感である人が多い。イマジネーションに富んだ優秀な企業経営者が多く出ることで、日本が好景気になることを望む次第である。

# 50 マーケティング・コンセプトは立体的に考える

中学生のときに初めて英語を習った。英語の辞書を引くと一つの英単語に複数の意味が掲載されている。中学生ながら、直感的にこれはおかしいと感じた。言葉には同音異義語というものがあるが、そうでなければ一つの単語にそんなに多くの意味があるはずはない。子供の頃はずっと疑問に思っていたものである。

この疑問が晴れたのは、かなり英語が上達したころであった。つまり、言葉が意味している概念は二次元ではなく、三次元の立体的なものなのである。円錐《えんすい》は上から見れば丸であるが、横から見れば三角なのである。どの方向からみた形かを網羅的に書くと複数の形になるのである。

さて、マーケティングの要は**コンセプト作り**と言われている。**コンセプトとは言葉と同じく**

**三次元の立体的な概念**である。したがって、これを構成するには立体的な構築をアタマの中で構築する能力が必要である。語学に得手・不得手があるようにコンセプトのような抽象思考には才能が必要である。経験も必要なのであろうが、むしろ才能のほうが大きいのではないかと思っている。

そこでマーケティング・コンセプトの重要な業界の多くは、若手の柔軟な才能を活用している。コンセプトが決まらなければ、誰に、何を、どのように売るのか決まらない。

これを読んでいる人の中には誰に、何を、どのように売るかを決めることがマーケティング・コンセプトではないかと思うかもしれないが、それでは新たな市場を切り開くことはできない。**新規市場開拓には、「はじめに言葉ありき」ではないが、まずコンセプトが先に来るべきなのである。**

ある食品会社の企画部の話である。

昔、イカスミを使った食品が流行したことがある。発案者は入社2年目の女性であった。彼女はあるコンセプトを持っていたに違いない。企画書を部長に提出したが、経験的に売れないだろうということで却下。それでも、絶対に売れると言い張り、困り果てた部長は、彼女の意向を尊重して一応のマーケティング調査を小売店に行った。結果はどうであっただろうか？

「あんな汚らしいものを置かれたら、ほかの商品も売り上げが落ちる」というような意見もあり、可能性なしと判断された。

しかしながら、それでも売れると彼女は言い張り続け、今度は社長が困り果て、「材料費だけの問題だから、一応作ってみろよ」ということになった。そして、店頭へ並ぶことになる。

実際に店頭に並ぶと女子高校生等の若い女性層を中心に二次曲線的にブームが起こった。そして、ほかの食品メーカーも追随してイカスミ入りの製品を続々と市場に投入したことは周知のことであろう。

鋭い感性に基づくコンセプト概念が既存の市場に楔《くさび》を入れるようにして入り込んだのである。その企画部長は後日、「鋭角的なマーケティング・コンセプトが市場開発には時として必要だよ」と話してくれた。

他の人が考えた立体的なマーケティング・コンセプトを他者が理解することは、時として非常に難しい。語学と同じようにある程度のセンスを必要とするからだ。マーケティング調査も既存の概念の調査なので参考にならない。**ものごとをいつも柔軟に立体的に捉えるように意識しておくこと**はマーケティングにおいては必要なことなのだ。

# 51 業界外にも競合を見つけなければ、真の競争優位は得られない

自社の商品に対する競合関係の分析を行っている企業は多い。他社に対する自社の商品の品質、価格、ターゲット顧客などの分析である。どのような商品にしても競合がない業界はないので当然のことである。したがって、競合他社と自社の商品の分析を行い、強みや弱みを十分に認識することで優位なマーケティングをしようとする。

しかし、これだけで本当に競合分析を行ったと言えるのであろうか？

かなり昔の話であるが、ボウリング場の経営者が言っていた言葉である。

「うちの競合相手は携帯電話なんですよ」

ボウリング場の顧客の多くが学生である。彼らが使える小遣いは一定なのである。もし、携帯電話料金に多くの支出があれば、ほかに回せるお金がなくなる。学生は携帯電話料金とボウ

リング代を天秤にかけて出費をするというのだ。
これは、一定のパイを奪い合うという第三の競合関係である。

さらに機能面での第三の競合関係というものもある。
最近は時計をしている若者が少なくなった。昔は、誰でも外出するときは時計をするのが当たり前であった。今はどうか？　携帯電話に時計の機能がついているから、携帯電話を持ち歩いている限り時計をする必要はない。時計をしないことが文化となる時代となるかもしれないのだ。

時計は時計メーカー同士の競合だけではなく、他の商品と見えざる競合をしているのである。したがって、時間を知るという時計の機能は廃れる。将来は、単なるファッションになる可能性もあるのだ。そうなれば、新たなコンセプトで時計を作っていかなければならない。そうしなければ、時計市場において優位なマーケティングができないからである。

私がここで指摘したいのは、**競合というものは業界内だけではなく、業界の外に見えざる競合があるという事実**である。

経営者は業界内における競合関係において敏感である。しかし、見えざる第三の競合関係に関しては無頓着であることも多いのだ。これは経営者の視野の広さと時代を読む力の問題である。

第三の競合は一言で言えば、外部環境に過ぎない。しかし、これを単に外部環境という一言ですませるのは良くない。時には**外部環境をミクロの視点で捉え、競合関係としてはっきりと認識する必要がある**のだ。

こうしたことを意識的に認識するといろいろな例が出てくる。新聞とインターネットの関係もそうである。新聞が情報を伝える機能だけなら、即時性という時点でインターネットにはかなわない。費用的にもインターネットの方が安くて大量の情報が得られる。したがって、事実という情報を伝えるだけでは、新聞に勝ち目はない。

新聞がインターネットに勝とうと思ったら、事実である情報をどのように解釈・分析して伝えられるかという力が求められるであろう。要するに**競合関係を明確に捉えることがなければ、企業の競争優位は得られない**ということである。

最後に、競合関係を分析することは容易かもしれない。**むしろ難しいのは、その競合関係からどのような競争優位のマーケティングを行うかを創造的に策定すること**であろう。

# 52 経営努力はもちろん大切だが、〝流れに乗る〟重要性も意識しよう

経営を良くするには経営努力が必要であるということに誰も異論を唱えないだろう。私も、最善の経営努力が必要だと認識している。しかし、いろいろな経営者と会ううちに、もっと違ったこともあるのではないかと考えている。

それは**「流れ」に乗る**ことだ。「流れ」と言うと非常に抽象的で、文章でうまく伝える自信がない。非常に感覚的なことだが、あえてこの話題をしたいと思うのは、**「流れ」に乗れるかどうかで企業の存亡が左右される**と思うからだ。

世の中には、いろいろな「流れ」がある。これらは感覚的にしか認識できない見えざる「流れ」だ。サラリーマンにはサラリーマン生活としての「流れ」、学者には学者生活における「流れ」がある。当然、経営者には経営者の「流れ」が存在するわけだ。

世の中を見るとあまり能力がないにもかかわらず、平穏に生涯を送れる人も多い。これは、ある「流れ」の中に身を置いているからである。

「流れ」の中に身を置くだけで人間は生きていけるのである。当然であるが、その反対のこともあり、有能な人が困った人生を送っていることも多いのだ。

**経営者の場合だと、どのような「流れ」に身を置いているかで成功するか、失敗するかが決まることがある。**特に中小企業の場合は、外的な要因が経営における重要な役割を演じるのでこの概念は大切だ。それは大河に浮かぶ木の葉のようなものであるからである。したがって、上昇気流のような「流れ」に身を置けば、自然に上昇していけることも多い。そこには努力も気力も超越した世界があるように思える。

誤解してもらうと困るのだが、私は経営における努力を空しいものだと言っているのではない。全身全霊での経営努力は当たり前のこととして必要なのだ。その一方で、**世の中には「流れ」という努力を超越した世界も存在するのだということを認識するべきだ**と言っているのである。

それは自社の経営に関して努力は精一杯しているが、報われない例を多く目にするからである。報われないというのは、間違いなく「流れ」に乗れていないのだ。「流れ」に乗れていないというのならまだ良いが、「流れ」に逆らって経営努力をしていることもあるのである。「流れ」に逆らってする経営努力は、「流れ」の速さ以上に進まなければ、前に進むことができない。「流れ」に従って経営努力をしている人には到底かなわない。

**成長して大企業になっていくプロセスは、間違いなく「流れ」に乗って〝成り行き〟で成長した結果だ。**〝成り行き〟とは聞こえは悪いが、その場での選択肢を選ぶのに、選択せざるを得ない方を選択したという結果である。

解釈によっては非常に当たり前のことを書いているように思えるが、**意外にもこの「流れ」を意識しながら経営している経営者は少ない。**

「流れ」を感じるには、それなりの〝**感度**〟を必要とする。この〝感度〟がなければ、自分自身がどのような「流れ」の中に身を置いているのかわからないのである。結果として、破滅の「流れ」に乗っていても、新たな「流れ」に乗ることなく、近視眼的に経営努力を重ねるのである。

非常にわかりにくい話かもしれないが、**世の中には「流れ」というものがあるのだと再認識してもらいたい。**

# 53 なぜ不況時にはパチンコや宝くじが流行るのか？

モノやサービスを売るのに際して、「効用」や「価値観」を売るというのは理解できるところだ。モノやサービスを売るのには、それだけの要素しか必要ないのだろうか？　私は、もうひとつの要素があるように思う。それは、「**期待値**」を売ることだ。

抽象的な言い方なので、具体的に書こう。パチンコ、競馬、宝くじのようなギャンブル系のサービスは、マクロの視点で見ると決して儲かることはない。損をするのは合理的にわかっている。しかし、ミクロの視点で必ず損をするかと言えば、そうではない。パチンコだって勝つこともあるのだ。したがって、ギャンブル系のサービスを買う人は、論理的には損をするが、「期待値」という商品を買うのである。

他の例を挙げよう。

最近は異業種交流などの会が盛んだ。比較的高い参加料を支払って参加したいと思うのは、誰かと良い出会いができるからだという「期待値」を買っているのだ。実際によい人脈ができるかどうかはわからないが「期待値」という商品を買うのである。誰かよい人と出会えるという「期待値」自体に価値があるのだ。そのためには対価も支払うというわけなのである。

さらに例を挙げると縁起物だ。本当にそれを買うとよいことがあるかどうか疑問である。しかし、良いことがあるかもしれないという「期待値」から買っている場合も多いのだ。「期待値」を売るという例を挙げるといろいろなものが浮かんでくるであろう。

したがって、**モノやサービスが売れる原理というのは、「効用」「価値観」「期待値」のベクトルで考えなければならない**ということになる。言ってみれば当たり前のことであるが、こうしたベクトルを分析的に捉えることは、マーケティングにおいて必要な条件である。いったい、**自社のモノやサービスをどのベクトルで売ろうとしているのかを認識せずに、他社との競争優位に立つことは難しい。**

興味深い事実は、**「期待値」を売るマーケティングは、不況時でも効果を発揮する**ことである。「パチンコは不況に強い」などと聞かれた方も多いのではないかと思う。宝くじも不況になればなるほど売り上げがあがる。

「期待値」というのは、期待が実現されたときには、必ず得をするという期待である。したがって、経済の不況などはあまり関係ないのだ。不況になればなるほど、「期待値」を売る商売はさかんになるという法則もある。不況になれば、出版本にしても〝運が良くなる〟法則というようなタイトルの本が売れてくる。わずか１５００円ぐらいの本を読んで、運がよくなり人生が開ければ安いものだ。人は常になにかいいことがないかと期待して求めているのだろう。

私がここで言いたいのは、**モノやサービスを売るには、「効用」「価値観」に加え、「期待値」という要素があるということ**である。そして、**「期待値」のマーケティングには不況は関係ないということ**だ。そして最後に、**経営者は決して「期待値」という商品の〝お客〟になってはならず、逆に「期待値」を演出する〝商人〟にならなければ儲けは出ないということ**である。

「期待値」を売る商売のすべての例は書けないが、モノやサービスにおける「期待値」とは何であるか、再度考えてみるのもいいのではなかろうか。

# 54 寿命の来ているビジネスモデルでは、経費削減で延命することはできない

仕事柄、いろいろな経営者とお会いして会社資料を拝見させていただくことが多い。その際に「粗利益率が近年落ちてきて苦しくなっています」というコメントをうかがうことがある。

しかし、考えてみれば**粗利益率が上がっていくビジネスモデルなど、この世に存在はしない**。投資を上回るリターンが得られるビジネスモデルなら、いろいろなところから参入もあるだろうし、**資本主義的な競争社会では「すべての業種において粗利益は下降していく」**というのが法則である。面白いことにこんな単純な話も誰も教えてくれないし、やさしく解説した本もない。

さて、粗利益が落ちるとどのようなことになるのか。

はじめ30％の粗利益が20％になったとする。そうすると企業は利益を確保するために経費の

削減に走る。当然正しい経営判断である。しかしながら、経費削減には限界がある。会社の経費のすべてを変動費として扱えるわけではなく、経費の一定の削減を行ったときに、これ以上の経費削減をすると会社が運営できないというところまでくる。そして、仮に粗利益が15％になったところで会社の経営に行き詰まるという構造である。

こうした状況になると資金調達力のない会社はバタバタと倒れていくことになる。では、こうしたことの起こる臨界点とはどこなのであろうか？

非常に荒っぽい説明になるが、会社の営業利益を総資本で除した数字を金融機関の金利と比較してもらいたい。**すべてのコスト削減を行った後に、この数字が経常的に金融機関の金利より少なければ、もうこのビジネスモデルは寿命が来ていると言わざるを得ない。**

では、こうした「**粗利率逓減《ていげん》の法則**」に打ち勝って継続的に企業運営をするにはどうしたらよいのであろうか？

それは、**新たなビジネスモデルを会社が存続するうちに確立すること**である。世の中のいろいろな経営者がこの新たなビジネスモデルを虎視眈々と狙っている。したがって、新たなビジネスモデルというのは口で言うほど簡単なことではない。しかしながら、残念なのは、こうした新たなビジネスモデルの構築努力を行わず、**既存のビジネスモデルの中で経費削減ばかりを考えている経営者も少なくない**ことだ。

新たなビジネスモデルを構築できても、やがて粗利率逓減の法則から逃れることはできない。しかし、常に新規分野への関心は捨ててはならないと思う。新たなビジネスモデルを作り上げるには多大なエネルギーを必要とする。すぐれた経営者のリーダーシップだけでは難しい。やはり、**会社組織がエネルギッシュに動かなければならない**からだ。こうした意味ですべての企業に組織活性化の必要を感じている。

# 55 商品やサービスを売るな、「価値感」を売ろう

商品が売れないと商品自体に競争力がないと思っている経営者がいる。どんな商品にも特徴があり、その特徴が消費者に受け入れられていないということだと通常は考える。

しかし、商品が売れないのは本当に商品自体の問題であろうか？　売り方の問題であると考える人は多いが、もっとも本質的なのは**消費者の「価値観」であると気づいている人は少ない**ということだ。

消費者がものを購入するには、必ずある「価値観」に基づいている。不動産にしても坂があると売れにくいと思われるが、坂があることで健康に良いと考える人もいる。また、高い場所にあることで眺望が良いと考えることもある。反面、老後に暮らすにはきついと考える人もあり、同じ事象でも人によって考え方がさまざまである。こうした様々な考え方に対応すべく、

商品の多様化を考える企業もある。

しかし、その前に「価値観」自体を売ろうとは考えないのであろうか?

腕時計にしても機械式とクォーツ式とに分かれる。精度や耐久性の面では機械式よりクォーツ式の方が格段にすぐれている。しかしながら、高級時計のほとんどが機械式である。こうした時計は壊れやすいし、メンテナンスコストがかかるにも関わらず売れている。これは時計を実用品と考えるか、美術工芸品と考えるかの違いであろう。

かつてセイコーがクォーツ時計を開発して、スイスではクォーツショックが起こり、多くの時計会社が廃業に追い込まれた。当時はすべての時計がクォーツ式になると考えられていた時期もあったのである。しかしながら、美術工芸品を愛する人たちもいるのも事実であり、高級ブランドメーカーの多くがこうした「価値観」を売る戦略に成功している。

少し言い過ぎになるかもしれないが、**「価値観」さえ売ることができれば、石ころでも高額で売れる**のである。これは商品自体の問題ではなく、非常に人間臭いマーケティングのお話である。

優秀な営業マンはこのことに気づいている。まず、**相手がどんな価値観を持っているかを把**

**握したうえで、自ら売りたい商品に関する「価値観」を売ろうと努力している。**私の知り合いに結婚相談所に登録した人がいる。会費は２００万円！　非常に高額なので驚いて、「なんで２００万円も出したの？」と尋ねたら、「車一台分のお金で自分の人生が決まると思えば安いものでしょ！」という答えが返ってきた。物は思いようである。

言葉で「価値観」と言えば簡単に聞こえるが、**「価値観の正体とは何か？」という問いはなされないことが多い。**

「価値観」を売るには、「価値観」に関してよく知っていなければならない。抽象的なことであるが、こうしたことを考察することは、意味があるように思える。

【第5章】

# 思考が変われば、目の前に広がる世界も変わる！

## 56

# 論理が明快であればあるほど、意思決定の〝潜在リスク〟は高くなる

「経営は科学であり、論理的に行うべきである」という主張がある。

これは、ある事項を意思決定するにあたり、論理的に分析し、理論的な正当化ができれば正しい意思決定であるとする考え方である。特に欧米系のマネジメントスクールでは、こうした考え方が主流であろう。たしかに、論理的に整合性のとれている主張は、説得力があり納得しやすいものである。

しかしながら、**「本当に論理は結論を正しく導いてくれるものであろうか?」**と疑問に思うことがしばしばある。私は、企業経営において論理はある限界を持ち、過信すると非常に大きな危険があると感じている。

たとえば、次の事例を考えてみたい。

ある高級ブランドのネクタイを販売するにあたり、販売価格が社内で論議された。意見は1万2000円と8000円の2つの案に分かれた。1万2000円で売るべきだと主張する人々は「数はあまり出ないかもしれないが、大きな利益を取れるし、ブランドイメージにふさわしい価格である」と主張した。一方、8000円と主張する人々は「粗利は少ないが、数は多く出るはずだし、現状においてはマーケットを取ることが優先課題だ」と主張した。

経営者は両者は双方の言い分を注意深く聞いていたが、結局、テスト販売をして多くの収益をもたらす方に決めることを意思決定した。そして実際にテスト販売したところ、8000円で販売した方が粗利は少ないが、数が多く出たのでより多くの収益を生んだ。経営者は、収益の面から考え、8000円で全国販売することにした。

さて、問題は「本当に8000円で販売してよかったのか」である。それは短期的な収益を考えれば正しい主張と言えるが、一方では、その意思決定とともに多くのリスクを抱え込むことになる。実際に8000円で全国販売したとすれば、ブランドイメージの低下により、他の商品群まで売り上げが影響するかもしれない。これはあくまで潜在リスクであるが、顕在化されれば会社に致命的なダメージを与える可能性さえある。単純なモデルでの説明だが、この経営者は〝**価格**〟と〝**短期的利益**〟という2つの要素からすぐに結論を出している。しかしながら、**意思決定するには、考慮しなければならない多くの要素が存在するの**だ。また、**現在に存在しない要素が、将来において発生する可能性もありうる**といった考慮も必要である。

本来、正しい意思決定のためには、考慮するべき要素をすべて網羅しなければならない。しかし、実際にはすべての要素を考慮することなど不可能なので、「考慮すべき要素を一定の数」にして、その枠内で理屈をつけるしかないのである。考慮する要素の数が少なければ少ないほど論理は明快になる。しかしながら、**論理が明快であればあるほど、意思決定に伴う〝潜在リスク〟は大きくなることは認識しておきたい**。

我々は、明快な論理に納得しやすい動物である。しかし、論理というものの本質と限界を深く考え、**どんなに明快な論理にも、その背後には見えざる要素によるリスクが潜んでいる**ことを認識すべきであろう。

# 57 部分最適と全体最適を見間違える論理の落とし穴に注意しよう

経営において「**部分最適**」と「**全体最適**」という概念がある。

「部分最適」とは、短期的に収益を極大化する考え方で、「全体最適」とは短期的な利益は犠牲にしてでも、長期的には利益を極大化しているという考え方である。また、別の言い方をすれば、前者は個を生かす考えであり、後者は全体を生かす考え方とも言える。

昔から〝損して得取れ〟という諺があるが、これは我々が日常経験していることであり決して難しい概念ではなく、まさに「全体最適」を表わした言葉である。

さて、**経営において、どちらが大切かといえば、「全体最適」であることは自明の理である。**

しかし、往々にしてこの自明の理がわからなくなることがある。それは論理だけで物事を考えようとしているときである。

「部分最適」の考え方は、短期的・限定的視野に立てば、きわめて論理的に整合性がとれている。人は論理的に整合性がとれていれば納得しやすいものだ。

しかし、ここにはしばしば大きな落とし穴がある。論理というものは「限られた要素」に基づいて構成された理論体系である。したがって、考慮すべき要素を増やしたとき、まったく別の結論となり得るのだ。

たとえば、スナックバーの経営者が「日本は資源の乏しい国だから、日本の生きる道はサービス産業しかない。だから、スナックバーの経営は将来性がある」と言ったとする。この考え方は明らかにおかしいとすぐにわかるが、もっと複雑な要素が加わった論理となると、直感的におかしいと感じなくなることがある。論理的に筋が通っているというだけで納得してしまうのだ。

一方、「全体最適」の概念は、時として「部分最適」の考え方に比べて論理的に説明しにくいことがある。それは、あまりに考慮すべき要素が多いために、経験的・直感的な判断に委ねざるを得ない場合である。ここにひとつの危険が存在する。**結論としては「全体最適」の考え**

**方は正しいのだが、論理的に明快な説明がしにくいため、より明快に説明できる「部分最適」の考えを取り入れてしまう。そして、その論理が通っているので、自分の判断が正しいと勘違いしてしまう危険性である。**

したがって、さまざまな経営理論がいかに論理的に武装されていても、運用の仕方次第では、非常に危険であることがわかる。それは、一見正しい論理に思えても、実は「部分最適」を図るだけで「全体最適」を犠牲にしていることもあるからだ。

我々が物事を考えるときに必要なものは、論理とともに直感的な感性である。時には、論理よりも直感的な感性が、結論を正しく導いてくれることさえある。**物事を考えるにあたり、理論と感性が伴わなければ正しい結論を導くことはできないのではないだろうか。**

社会が高度化するにつれて情報は氾濫し、我々は情報過多の社会に暮らしている。目の前の事象を論理的に次々と処理してゆけなければ生きていけない。しかし、経営活動は極めて人間的で泥臭いものであり、感性による判断も時には必要なのかもしれない

# 58 〝知的技能のクリティカル・マス〟をクリアすることの大切さ

以前、クライアントの要請で「プロ認定制度」という人事制度を構築した。最近の企業の動向には、社員のプロ化に重点を置いた人事制度が目につく。

しかし各社とも、いまさらなぜ「プロを目指そう」というスローガンを掲げる必要があるのか？　社員の質的向上を目指すことは極めて当たり前のことであり、本来ならばスローガンなどはいらないはずではないか？　ここではこのような疑問について考えてみたい。

経営学の概念で「**クリティカル・マス**」という言葉がある。クリティカル・マスとは、経営に関する用語で、**ある商品やサービスの普及率が一気に跳ね上がるための分岐点**のことである。つまり、**ある事業を立ち上げるのに必要な最小限の投資を示した言葉**なのだ。

たとえば、10億円の投資では事業は絶対に軌道に乗らないが、15億円以上の投資ならば軌道に乗るといった場合、その15億円は利益を生みうる最低投資であり、この分岐点を「クリティカル・マス」と呼ぶ。

しかし、こうした概念は、製造業や販売業に関して当てはまるもので、それ以外の業態には当てはまらない場合があるのだ。クリティカル・マスとは最低限の投資や市場占有率に使うが知的産業には馴染まない概念である。知的産業においては量的に計測できない**「知的技能のクリティカル・マス」**と言えるものが存在するのではないかと考えられるのだ。

この「知的技能のクリティカル・マス」とは、営利企業として存続しうる最低限の知的技能におけるレベルの分岐点であって、これ以上のレベルで初めて知的産業として成り立つという基準のことである。

抽象的な説明になったので、具体的に簡単に説明をする。たとえば法律に詳しい人がいた。この人は弁護士資格を持っておらず、ベテランの弁護士ほどのレベルはない。さて、この人が弁護士報酬の半額でよいから、法律相談を有料でやりたいと言ったら、依頼する人がいるだろうか？（もちろん弁護士法上不可能なことであるが……）

この場合、司法試験に合格して弁護士登録していることが「知的技能のクリティカル・マス」である。「知的技能のクリティカル・マス」以下の水準では、経済的な需要と供給の関係は成立しないのだ。すなわち質も悪いがその分安くするという論理は成り立たないのである。

前置きが長くなったが本題に戻ろう。

企業の社員が特定分野でプロフェッショナルにならなければならないとは、単に社員のスキル向上を図らねばならないという当たり前の意味ではない。その背景には今後目指していこうとする業態に「知的技能のクリティカル・マス」が存在するという深い認識があるのだ。もし、この分岐点を超えることができなければ、今後生きていけないという極めて厳しい危機に直面するという認識である。

この分岐点がどのぐらい高いのか、明確な指標は存在しない。しかし、この見えざる分岐点を認識し、プロフェッショナルとなることは、個人にとっても会社にとっても絶対的である。したがって、企業レベルで「プロを目指そう！」というスローガンは重要な意味を持ってくる。

再度書くが、**「クリティカルマス以下の水準では、需要と供給の関係は成り立たない」**のだ。この認識を深く刻み、知的サービスにおいても常にクリティカルマスの閾値を越える努力は必要であろう。

# 59 〝あるべき姿〟をイマジネーションできない組織は滅びる

「**企業30年説**」という説がある。人間の一生と同様、企業にも誕生があれば死もあるという考え方である。確かに、どんな事業にも創業期、成長期、成熟期、衰退期がある。現実の問題として、時代とともに外部環境が変わることで、事業を終焉させなければならないことも多いであろう。

しかしながら、一方では30年どころか何十年経っても発展している企業がある。こうした企業においては死にいく事業があると同時に、絶えず新たな事業の柱が芽生えている。死にいくものと生まれいくものが共存しており、組織が常に新陳代謝を繰り返しているのだ。

私は、この言葉を**組織が新陳代謝を失うと、企業は30年の命しかない**という警鐘と理解したい。

あるクライアントはハイテク産業では古い企業で、日本で30年以上の歴史を持っている。時代とともに扱う商品も変わり、組織は新陳代謝を繰り返してきた。

しかし、時代の変化は、ますます加速度を増してきており、これに伴って組織の新陳代謝はいっそう速くならなければならないことは明らかである。一般には社歴が古くなると組織の新陳代謝の速度は鈍くなると言われており、このことはクライアントにとっても経営課題の一つだった。

この企業の特徴としては、ほとんどの社員が新卒採用のプロパー社員であり、社歴の長い社員も非常に多いということだった。したがって、過去のビジネスの経緯や社内の状況に詳しい人が多いのは当然のことである。また、社内の人間関係においても非常に良好なコミュニケーションを築いている面もある。こうしたことは、経営上、なんのデメリットでもなく、むしろ愛社精神となって現れている面もあり、好ましいことであろう。

しかしながら、今後、成長してゆく企業として、さらに企業文化に付け加えられるべき要素もいくつかあるように感じられた。そのひとつが「**将来をイマジネーションしてゆく組織活力**」だ。

少し抽象的な言い方だが、具体的な〝あるべき姿〟をイマジネーションしていく能力は、新たな事業を起こすのに必須の組織活力である。たしかに過去の経験等は、未来を切り開く助けとなることも多いが、**〝過去の成功要因〟が〝未来の阻害要因〟になることも多い。**〝経験〟とは、言葉を変えれば〝知識〟である。**知識は新たな事業を展開するにあたって必要条件であるが、十分条件ではない。**知識にイマジネーションが伴ってはじめて新たなことを考えうるのである。

だが、経験が豊かになればなるほど人間は一つのパラダイムにとらわれる傾向がある。すなわち、イマジネーションに乏しくなるのである。この会社は社歴の浅い会社に比べて、社員が共通の経験の上で仕事を行ってきた面が強い。したがって、あえて「イマジネーション」という要素を日々の業務で意識的に留意してもよいのではないかと感じた。**イマジネーションなき組織は、慣性力だけで動いている脳死状態の組織だと認識するべき**である。

最後に、経営の話ではないが、「**知識より想像力のほうがずっと大切なんです**」と言ったのは、相対性理論で有名なアインシュタイン博士の言葉である。経営にも一脈通じる言葉だ。

# 60 〝自己認識のバイアス〟の強い経営者は、同じようなミスをする

米国で行われた調査で面白いものがある。

無差別に選んだ集団に「あなたは、知能が平均以上だと思いますか？」というアンケートを行ったところ、なんと90％以上が自分は平均以上だと回答したとのことである。そんなことはないのだ。やはり頭の良さも客観的には正規分布していると考えるのが妥当だろう。

企業のリストラに関しても、生産性の低い社員に退職を促すと、「自分はこんなに会社に貢献しているのに、なぜですか？」とあっけにとられている。本気でそう思っているのである。これは、**自己認識のバイアス**と呼ばれるもので、誰しも多少はあるものだ。しかし、この事実を意識している人は少ない。

たとえば、株の投資でうまく儲けたとする。本当は運がよく売買のタイミングが絶妙だったた

だけかもしれない。でも、自分は株のセンスがあると思い込み、将来に大きな損をすることもある。

人間は自分に都合よく物事を考える動物で、偶然の要素で結果がうまくいったならば、自分の能力だと解釈しがちである。運も実力のうちという言葉もあるが、まったく科学的な根拠のない論理だ。

さて、企業という世界を見てみると、経営者にもこの要素が強い人が少なからず存在する。経営者とて人間であるゆえ、自己認識のバイアスに関しては、平社員と同じである。

面白いことに、注意深く観察すると**自己認識のバイアスの強い人は、共通の過ちをする傾向がある。すなわち、過去になんらかの方法で成功すると、成功の客観的な分析を行わず、将来において同じ方法で今度は失敗する。**

人間は失敗をしたときは、なぜ失敗をしたのか分析するが、成功したときに、なぜ成功したのかを分析しない傾向があるのだ。すべての成功は〝実力〟で済まされてしまう。まさに「**過去の成功要因**」が「**未来の阻害要因**」になる原因がここにある。**物事に成功したら、なぜ成功したのかを徹底的に考え、あらゆる前提となる要素を洗い出す**ことである。当然のことながら、醒めた目でみれば、前提条件のコンビネーションが少しでも違うと違った結果が出るのは当然のことだ。

では、なぜ自己認識のバイアスがかかるのであろうか？　**人間は物事を記憶するときに、自分にとって心地よい記憶だけを残すようなメカニズムがある**からだ。ギャンブルにしても、負けたときの記憶よりも、勝ったときの記憶が強く残る。

ビジネスも同じである。**ビジネスに失敗したときの記憶よりも、成功したときの記憶の方が強く残る。**つまり、人の頭は、客観的な事実ではなく、自分にとって心地よい記憶を残して、心のバランスをとっているのである。

非常に味気ない結論であるが、「人間の脳が認識する事項」と「客観的な事実」とは、実は乖離があるのである。合理的な意思決定を行おうとするなら、この事実に気づく必要がある。**すべての起こっている事象を醒めた目で、もう一度見る余裕が欲しい**ものだ。

# 61 人は自分に知識や経験のあるものしか知覚することはできない

経営者にお会いすると、よく自社の経営理念を情熱的に語られることがある。立派な理念だと感心して聞いていると、最後に「でも、社員になかなか伝わらないんですよ」などと言われることが多い。

社員にさえ十分に伝わらない理念が、社外の人に伝わるわけはない。これはコミュニケーションの問題である。ここでは**コミュニケーションの本質**について考えてみたい。

基本的に人間は「**自分に知識や経験があるものしか知覚できない**」。

たとえば、あなたがタイムマシンに乗って戦国時代に携帯電話を持っていったとする。当時の人が「これはなんだ！」と聞いて、あなたは「これでお互いに離れていても話ができるんですよ！」と答える。相手の頭は混乱する。さらにあなたは続ける。「空中に目に見えない電波というものがあって、これを通じて会話ができるんですよ！」。その結果どうなるか？　おそらくあなたは悪霊に取りつかれた存在として、火あぶりの刑にでもなるであろう。

日常経験する話としては、ITエンジニアに「素人なので技術的なことは、やさしく教えてくれ」と頼んでも、チンプンカンプンの解説しか聞けないことがある。エンジニアは「やさしく解説しているのに、どうしてわからないんだ？」という顔をする。別に説明が下手なのではなく、そのエンジニアには受け手の知識や経験に対する想像力が欠如しているのだ。

さて、経営の話である。企業経営においてさまざまなコミュニケーションがあることは、解説するまでもない。

問題は、コミュニケーションを発信する者が、受け手の知識や経験を本当にイマジネーションして、メッセージを発しているかである。**メッセージがどのように解釈されるかは、受け手次第**なのだ。

幼い子供に〝嫌味〟や〝皮肉〟を言っても通じないであろう。つまり、**経営的なメッセージを発する人は、常に相手にわかる言葉に〝翻訳〟をしてやらなければならない**。そうでなければ、「なんで、こんな簡単なことがわからないんだ！」という憤怒の情が湧く。

こうした問題は、外国人に対しては意外と意識的にやるものだ。日本語の「お茶が〝渋い〟」という意味を正確に訳せる英文はない。「外国人だからわからないのも仕方ないなぁ……」でことが済んでしまう。ところが、日本人同士だと、自分の認知したものが日本語で当然のこととして相手に伝わると錯覚する。錯覚とは恐いものだ。

こうした問題を解決するには、コミュニケーションの本質を常に意識して、メッセージを発する訓練である。通常の論理だと、A⇓B⇓C⇓Dで説明するところを、専門家同士の会話では、A⇓Dで済ますことがある。素人と専門家では、「**思考の歩幅**」が違うのだ。

しかし専門家は、一般人に説明をするときに自分の論理を一度、因数分解して誰でもわかる形にするものである。これは、相手に何かを伝えようとするときに、相手を思いやる心であり、相手の知識や経験を尊重する態度である。

**相手を尊重することがコミュニケーションの基本**だと思う。**経営的なメッセージは、発信者中心の論理でなされることのないように留意するべき**であろう。

# 62 短期思考は経営を破壊する!

資本主義というシステムをマクロ・システムとして捉えれば、個々の会社の経営はミクロ・システムである。したがって、会社経営は、資本主義というマクロ・システムの前提条件を無視しては成立しえない。

資本主義には、大きく2つの前提がある。一つはすべてのひとがマーケット参加者となれるということである。そして、もう一つは、「**適切な期間の全体最適**」を前提としたシステムであるということである。ここでは、後者の前提において企業経営の視点から考えてみたい。

世の中が不況になると企業の業績も落ちることが多い。短期思考に陥ると人員削減に走りがちだ。人件費の削減は短期利益にすぐに効果をもたらす。これは経営者の意思決定のみならず、株主等の外部の圧力から行うことが多い。

しかしながら、マクロな視点で見ると、すべての企業がこうした行動をとると、世の中の失業者は増え、消費はますます冷え込み、さらに景気が悪くなる。結果として間接的に企業業績にも跳ね返ってくることであろう。

ミクロの点でも、企業自体の体力も落ち込んでくる。するとさらなるリストラで収益を確保しようとする。リストラが一種の麻薬のようになってしまい、常に禁断症状に苦しめられることになる。なぜ、企業は自らを滅ぼす行動に出るのか？　答えは、きわめてシンプルである。資本主義の前提となる「全体最適の期間」よりも短期に収益を得ようという〝欲望〟を経営者が持つということだ。こうした行動はマクロにもミクロにも悪循環を作り出すものである。

資本主義に立脚する企業経営は、本質的に〝欲望〟の追求が推進原理である。しかし、前提とされる経営判断のスパンよりも短期に〝欲望〟を持つことは、企業システムを崩壊させることもあるのである。**推進力のはずの〝欲望〟が、経営判断のスパンを間違えると反対に破壊力にもなりうる**ということである。企業システムが良好に機能するためには、経営判断において最適のスパンが存在するということだ。

換言すれば、**企業経営は〝欲望〟の最適化されたスパンの上に初めて成立しうる繊細なシステムである**ということである。このスパンより短期で物事を考えると経営は行き詰まり、長期で考えすぎると経営破たんを起こす。当然のことであるが、このスパンの長さは、業界によって異なるのは言うまでもない。

日本企業は欧米企業に比べて従来は長期スパンで物事を判断しすぎると批判されてきた。最近は欧米の影響であろうか、短期的視点でものを考えている日本企業も増えてきた。しかしながら、あまりにも短期的な視点で破綻を招いている例も数多くあるのも事実である。欧米の論理は、日本の感性よりも納得性が高いのかもしれない。しかしながら、資本主義の前提といった点で、短期での合理性はいずれ破綻を生み出す危険性を孕んでいる。物事のバランスをとるのは論理だけではない。一種の感覚と言えるような感性である。**このバランス感覚が今後の経営者に最も求められる資質**であろうと思うのは私だけであろうか？

# 63 1ミリの向上意識が現実を変える！

不況になってもなんとか安定した生活ができるのがほとんどの正社員である。一方で、リーマンショック後に中高年の冬を耐え忍んでいる人たちが多くいた。製造業を解雇された中高年派遣労働者だ。当時は社会問題化し、街頭でもデモのようなことをやったり、ビラを配ったりするような光景を目にすることが多かった。経済的にも追い込まれ、次の仕事を得られないままホームレスとなる人も多かったと聞く。

こうした光景を見るにつけ、社会的になんらかの措置が必要であると感じるとともに、あることに気づいた。それは、無精髭《ぶしょうひげ》の人が多いことである。お金がなくても、髭は剃れるのである。できるかぎり身だしなみを整えることにお金も能力もいらない。**現状を1ミリでも良くしようとする意思**の問題だ。

見過ごされがちなことであるが、**こうした意識は物事が成長するために非常に重要**だ。目標に向かって努力するのではなく、**現在を少しでも良くしたい**という意思である。

さて、経営の話である。どこの企業にも中長期の目標があり、経営計画の中で示されている。**「現在の状況」**と**「将来のあるべき姿」**を描いて、その乖離を埋めるためのアクションプランが作成されている。「現在の状況」と「将来のあるべき姿」の乖離が大きければ大きいほどアクションプランが段階的に示され、緻密な合理性で計画がなされていることが多い。

しかしながら、こうした経営計画がうまく行かないことが多い。どのような場合にうまく行かないかと言えば、「将来のあるべき姿」を求めれば求めるほど「現在の状況」への否定となる場合だ。「現在の状況」は何らかの合理性でバランスがとれている状況である。

それを否定してしまえば、現状において一生懸命働いている従業員も面白くないであろうし、企業の個性の否定にもつながる。「将来のあるべき姿」を求めることは悪いことではない。しかし、あくまで「現在の状況」を生かす努力を忘れないという前提のもとでの話である。

**企業も個人も「現在の状況」を1ミリでも生かして利用するという努力が必要**である。現在においてないものを追い求めることよりも、こうした努力のほうが実を結ぶケースが多い。ないものをあるものにしようとするのは論理であるが、現状を生かすのは知恵である。

**実際に大きく成長した企業では、与えられた現状を生かしながら成長した企業が多い。**そのほうが地に足をつけた変革が可能だからである。成功とは現状を有効利用した成り行きなのかもしれない。

では、どうしたら現状を良くするメンタリティを養うことができるであろうか？

意外に思われるかもしれないが、私は「**掃除**」に効果があると思っている。徹底的に掃除をして、整理整頓を極めようとすると、どうしてここにこんなものがなければいけないのか、配置を変えるともっと良くなるのではないかといった知恵が泉のごとく湧いてくる。体感的に無駄にあるものが見えてくる。そして店舗などの計算されつくした合理性が見えてくるから不思議だ。

私は、精神論はあまり好きではないが、実際にやってみると現状を１ミリでも良くしようというメンタリティは、意外と養われる。掃除にコストはかからない。教育コストをかけるぐらいなら、掃除の効用も一考かと思うこの頃である。

# 64 〝気づき〟の能力は生まれつき？

最近は企業内研修においても、知識を習得させる教育だけでなく、自ら気づきを得ることを目的としたプログラムが増えている。

もっとも、教育によって職務上必要な知識は与えられるが、気づきという点はどうであろうか疑問に思うことがある。人間は生まれた瞬間に「気づき」の種のようなものを持っていて、種のないところにいくら刺激を与えても種から芽が出ることはないのではないかとさえ思う。

これは人間をどう見るかという問題であるが、人間の才能というものは、すべて本来的に内在している種が芽を吹いたものではないだろうか。**種がないところに芽は絶対に出ることがないのである。**

一般的に気づきとは、経験によって学習することで得られると言われている。経験によって学習するということがひとつの芽を出す刺激なのだ。しかし、人間が本来持っている種は人によって異なる。才能が人によって違うことを考えれば、容易に想像がつくことであろう。

もし、これに異論を唱える人がいたら、イヌやネコに言葉を教えることを試みてみることを提案する。実験したわけではないので確証はないが、おそらく1年後も「ワン」とか「ニャー」とかしか言わないのではなかろうか。これはイヌやネコが言葉の種を生まれつき持っていないからである。

昔のことわざに「バカは死ななきゃ治らない」というのがあるが、バカは死んでも治らないのである。エジソンも電気が地球上に存在していなければ電球を発明することはできなかった。存在しないものは発見することも不可能なのである。

こう書くと、私が人間に対して否定的な見方をしているような印象を持たれるかもしれない。しかし、私が言いたいのは、**事実認識を正しくしてポジティブな人材活用をしようという提案**である。

企業で上に立つものは、部下の内在している種をいろいろなことをやらせて実るかどうか確かめなければならない。そして成長する可能性のある種は大いに刺激を与えて伸ばしてやることである。一方である特定の種がないと判断した場合は、本人に特定の気づきを期待せずに、本人の持っている別の種を伸ばしてやることを心がけるべきなのである。
どのような種を内在的に持っているかは、個人の個性の問題で優劣の問題ではないと割り切ることであろう。

マネジメントの本質はいろいろな才能をコラボレーションして全体として成果を上げることである。その基本としては個々人の持つ才能への敬意がなければならない。

しかしながら、未熟な上司は自分自身という物差ししか持っていないから、自分自身の尺度で部下の才能を測ろうとする。くどいようだが、自分の持っている才能の種と部下の持っている才能の種は先天的に異なるのである。要するに視野が狭い考え方しかできないのである。こうした上司は、組織を生かすことはできない。**組織を生かせる能力とは、自分を超えた存在に対する想像力を駆使し、それを運用する力**である。

私がこのようなことを書いても、なんのことか気づかない人がいるかもしれない。私は、それはそれでよいと思う。きっとその人は私の気づかない事項に対する別の気づきを持っていると思うからだ。

安易に使われている気づきという言葉だが、もう一度、本質を考えてみたいところである。

# 65 ゲームのルールは神様が決めている？

時計にはゼンマイで動く機械時計がある。振り子の原理を利用したもので、いかにゼンマイを一定の速度でほどけさせるかが、その時計の精度となる。

考えてみれば、なぜ振り子の原理を使えば一定の運動をするのか不思議である。物理学の教科書にも一定の運動の「結果」だけは書いてあるが、なぜそういう速度なのかという「原因」は書いていない。また、サイコロを何度も振ると6の目が出るのが試行回数の6分の1に近くなる。確率論も6分の1になるという結果を前提に展開されており、どうして6分の1になるのかといった原因を証明したものはない。

**すべての科学の法則は、説明がつかない結果のみを前提としている**のである。

なぜこんな当たり前のことを書くかと言えば、企業経営のあり方にも関係あるからである。

**経営活動における因果律をいくら分析しようとしても無駄な努力**なのである。

合理的なマネジメントは、因果の道筋を明確にし、緻密な行動によって結果をもたらすことだと考えられている。それならば、経営が完全に合理的な因果律に基づくものであれば、数学に強い経済学者や物理学の才能のある人材が会社の発展に寄与するであろう。しかし、現実にはそんなことはないのは、誰にも明白なことである。

因果の分析にいくら説得力があっても、所詮は優れた論理に基づく作文でしかない。本当のところは、自然の摂理で所与なのである。したがって、いろいろな商売をやってみた人は「商売はやってみなければわからない」などということを言ったりする。要するに商売をしようとする人は、因果律の論理ではなく、「**どうしたらどのようなことが起こるか**」という結果だけを知れば良いのである。

当たり前の話を回りくどく書いているように見えるが、実は**経営における因果律の分析・解明に多大なエネルギーを使っている経営者が少なくない**。

自分の求めている結果は明白であるが、どうしてそれを実現したらよいかがわからない。いろいろなロジックを考えてアクションをとろうとするがうまく行かない。**論理で考えれば考え**

**るほど答えは見つからないものである。**

私は人間の精神エネルギーは、一定だと思っている。無駄なことにエネルギーを使うとなにかが犠牲となる。**経営者はどうしたら結果がもたらされるかという事実さえ知れば良いのだ。**なぜ、そのようなことをするとこのような結果が出るかの論理的な分析は必要ない。むしろエネルギーの無駄遣いという点でマイナスである。

では、どうしたら一定の結果を生み出すアクションを知ることができるのであろうか？

ひとつには、**自分自身の経験だけではなく、古来からの経験則から物事の摂理を知ること**である。また、**多くの事例を知っている人間にアドバイスを求めること**も良い。**ひとりで自分の頭脳による論理的な思考だけに頼らないこと**が肝要である。

もうひとつは、**自然観察の力を日ごろから培うこと**である。観察は論理ではない。起こることをそのまま受け入れる態度である。人間の論理は矛盾がある場合もあるが、自然の摂理は裏切らない。例外なく真実を伝えてくれる。成功している経営者は無意識に習慣としていることかもしれない。ゲームのルールは神様にまかせようではないか！

# 66 〝世間知らず〟は若者か、年寄りか？

最近は昔に比べて世の中の変化のスピードが速くなったと感じられる。経営というもの自体が、外部環境を所与の条件として行われるわけだから、外部環境が急激に変化するとすべてのオペレーションをそれに合わせて変化させなければ生き残っていけない。したがって世の中の急激な変化に不安を持ちながら経営している経営者も多いことだろうと思う。

なぜ、昔に比べて世の中の変化が速くなったのであろうか？　背景には、「**知的資産のデジタル化**」という現象がある。

昔は技術を一つとっても職人的な熟練で人から人へアナログ的に伝わっていた。これには長い年月を要し、一人前の技術を習得するまでに10年以上かかるといったことが普通であった。アナログで知識や経験を伝えるのは非常に時間とコストがかかるのである。すなわち過去の知識や経験を土台に新たな技術を積み上げるのに多大な労力が必要だということだ。

一方、ＩＴの発達により、過去の知識や経験がデジタル化されてきている。デジタル化とはすべてのことを0と1の二元論で表すことである。個人的には、この世の中の森羅万象の根源は二元論で構成されていると思っている。一見、アナログ的に見える世界も根源は二元論で構成されているのだ。これは、デジタルテレビに映る美しい画像も所詮、0か1のデジタルデータでしかないことを考えれば容易に想像がつくであろう。

では、知識や経験がデジタル化されるとどのようなことが起こるのであろうか？　ひとつには、**知識や経験といった情報の加工や組み合わせがアナログに比べて非常に簡単になる**。新しいものを作るということは、すでにあるものへの加工と組み合わせであるから、このプロセスが容易になると、**新しいものを作るのにかかるスピードは加速度的に増す**のである。

現在は、アナログの世界とデジタルの世界が混在している状況である。そして、徐々にアナログの世界に属するものがデジタル化の世界に移行してきているのである。レコードからＣＤへ、ＣＤからネットへというふうにデジタル化がどんどん進んでいるのだ。

先にも書いたが森羅万象の根源が二元論であるから、アナログからデジタルという流れは自然の摂理であり、この逆は起こらないのである。そして、**時代の変化のスピードは緩まることなく、加速する**というのが正しい見方だと思う。

したがって企業経営においても、加速度的に変化する外部環境に対応する体制が求められる。**緩やかな外部環境の変化を前提とした経営学はもはや通用しない**のだ。そこには**新たな変化に対する柔軟なオペレーションが求められる**ことは言うまでもない。

問題は、一般的に技術等の外部環境の変化よりも**人間の意識の変化のほうがずっと遅い**ことである。人間の変化に対する対応能力には限界があるのかもしれない。特に年齢の高い経営者の中には、意識の上で10年前の世界観を持たれているような方もおられる。やはり若い柔軟な発想を持った人材を活用できる会社ほど変化に対する柔軟性があるのであろう。

「この世間知らずが！」というのは、昔は頑固オヤジが若者に言った言葉であるが、今は若者が年寄りに言う言葉になっていると危惧しているのは私だけであろうか？

# 67 事実判断と価値判断は区別すべし！

会議などで意見が分かれることがある。お互いに自分たちの正当性を主張して、話は平行線をたどることがある。したがって、最終的には会議の出席者の多数決で決まったり、社長の鶴の一声で決まることが多い。もっとも、声の大きい人の意見が通るような野蛮な会社もあるが。しかし、なぜ議論が平行線をたどるようなことが起こるのであろうか？　それは、同じ次元で事実と価値判断を混在させて議論しているからである。

昔、地動説と天動説というのがあった。地動説によると地球は天に対して動いている。しかし、本当に地球は回っているのだろうか？　地球を中心に考えれば天が回っていると考えても良いのではないかという意見も出てくるであろう。確かに地球と天は相対的に回転運動をしているのは事実である。ここまでの認識で地動説が正しいか、天動説が正しいか議論をしてもまったく無駄である。どちらを中心に考えるかという価値判断が決まらなければ、どちらも正しいことになってしまう。

しかしだ。もし地球を中心に考える価値判断が正しいとすると、月を中心として天が動いているという論理も正しいことになる。天が地球の周りを動き、同時に月の周りを動くということができるのか？　明らかにこれは論理矛盾である。

少し高い次元に立つと論理矛盾が明確になるという例を示してみた。

したがって、**論理の矛盾を指摘するには、より高い次元に立つことで矛盾点を見出すことである。その際にどこが事実判断で、どこが価値判断なのかを明確にする必要がある。**価値判断の間違った事実判断は間違った結論をもたらすことがあるからだ。

わかりやすい例を挙げよう。

「人間は他の動物と違い、理性で物事を考えるものである」（事実判断）

「したがって、われわれは理性的に生きるべきなのだ」（価値判断）

この2つのメッセージに、我々は違和感をおぼえない。

では、次の例ではどうであろうか？

「人間は他の動物と違い、自殺ができる動物である」（事実判断）
「したがって、自殺こそが人間の崇高な死である」（価値判断）
常識で考えれば、明らかに後者はおかしいという価値判断を我々はする。しかし、両者とも事実判断と価値判断の組み合わせで論理が成り立っているのだ。

要するに**物事の真理を決めるのは、正確な事実判断ではなく、価値判断なのだ**。

戦争は多くの人が悪いことだと考えている。しかし、これとて価値判断を変えてしまえば聖戦となり、正義のための戦いとして正当化されよう。価値判断は人殺しさえ正当化するほど危険性を秘めたものなのだ。

したがって、歴史を紐解いても宗教による戦争が多い。当時の人々が事実判断と価値判断を分析的に捉えたなら戦争は起きなかったかもしれない。

最後にまとめると、**意見というのは、事実判断と価値判断の混在した論理**である。この論理を否定するには、より高い次元の見解でその論理矛盾を暴くことである。特に価値判断は、事実判断と違い、客観性がないので、事実判断との結びつきで誤った結論にいたることがある。常識的なことかもしれないが、**時には物事を分析的に考えるのも良い**と思う。

# 68 事実情報の中に儲けのネタは存在しない

我々が日常接することのできるのは限られた情報である。テレビ、新聞、雑誌等のマスメディア、知人の体験情報、自然観察。どの情報も事実を伝える情報であり、これに意味を持たせるのは人間である。意味を持たせるというのは、分析・加工して有用な情報とすることである。情報には2種類あり、**「事実情報」**と加工された**「価値情報」**である。英語では前者を**「インフォメーション」**、後者を**「インテリジェンス」**といって分けている。あくまで何らかの価値をもたらすのは価値情報であり、事実情報ではない。そして分析・加工するのはあくまで自分自身であり、他人に頼るものではない。他人に頼った段階でそれはもはや〝他人の意見〟という事実情報となんら変わりがない。**価値情報とはあくまで自分自身で分析・加工したものだけである。**

しかしながら、多くの人が事実情報の中に儲かるネタを探そうとしている。

たとえば、パチンコ攻略情報なるものが売られ、詐欺事件として取り上げられることがある。騙される人がバカなのだが、こうした人は事実情報の中に儲かる情報があるとどこかで信じているに違いない。パチンコ攻略情報や競馬の的中プログラムなどがインチキ臭いということは、普通の感覚を持っていればわかる。しかし、情報の形が、もう少しもっともらしい形態をとると、意外にも騙されてしまう。

最近、ネットで「情報商材」なるものが売られている。買う人がいるので売られているのだが、買う人の心理にうまい話が情報としてどこかにあるという前提がある。「世の中うまい話はない」という言葉がある。もっと正確に言えば「事実情報」を自らで分析・加工することなしに「儲かる話はない」ということになる。

事実情報自体に価値があるように感じるメンタリティは、おそらく詰め込み優先で行われた日本の教育システムに元凶があるのかもしれない。学校では、情報を暗記するだけで良い点数がとれ、それ自体に価値があったのだ。しかし、**ビジネスの社会では事実情報は何の役にも立たない**。学生時代の成績と社会に出てからの成功に因果関係がないのはこうした理由かもしれない。

では、自分で得た事実情報を有用な価値情報とするにはどうしたらよいのであろうか？　読者の方々には申し訳ないが、この答えをここで書くわけにはいかない。仮に書いたとしてもそれは所詮、〝私の意見〟という事実情報となってしまうからだ。**取得した情報をどのように分析・加工して有用なものとするかはあくまで個人の問題であり、他人に頼ることではない。**

ひとつだけ言えることがあるとすれば、**見えざる摂理にしたがって分析・加工すること**であろう。摂理を得るには、自然観察、物理学、過去の経験などを参考にするとよい。また自らの力だけで情報の分析・加工ができないときは、外部のコンサルタントなどを使うのもよいであろう。

この場合のコンサルタントの役割は、アドバイザーではなく、化学反応を促進する〝**触媒**〟のような役割である。化学反応の起こる素地がないところに〝触媒〟は無用であるが、〝触媒〟も使い方によっては価値情報を生む手段となりえよう。

# 69 〝ポジティブな〟妄想力も時には必要？

会社の業績が悪くなると、経営者は将来に対して不安になったりする。客観的に考えると、将来のことは誰もわからない。ある程度の年齢の方なら、20年前に現在の自分を予見できたかを考えれば容易に理解できる。そして、人間は見えないものに対して〝恐怖〟を感じる。我々が毎日平穏に生きていられるのは、**自分が受け入れられる将来を妄想しているから**なのだ。

**〝妄想〟**という言葉を辞書で引くと、「**事実や経験の裏づけのないことを信じ込むこと**」と書いてある。決して良い意味では使われていない。しかし、われわれ人間は将来を妄想することなしには生きていけない哀しい動物なのである。

もし、人間が妄想することなく事実や経験だけで生きようと思ったら、将来の不安ですぐに不安神経症にでもなるに違いない。今日、元気で生きていけるのは将来に対して何らかのポジティブな妄想をしているからなのだ。そうした客観的に言えば、頼りないものにすがって安定した精神状態を保っているのである。

妄想にも**ポジティブな妄想**と**ネガティブな妄想**がある。ネガティブな妄想は絶望ともいう。どうせ将来のことはわからないのであるから、ポジティブな妄想でエネルギッシュに今日の課題に取り組むほうが生産的であるのは言うまでもない。

私は〝ポジティブ思考〟という言葉はあまり好きではない。なんとなく、すべての物事を楽天的に物事を考えようという薄っぺらな印象を受けるからだ。

私のいうポジティブな妄想は未来の見えざるものに対するものである。過去や現在に関しては、すでに客観的事実が見えているので、冷徹な論理で分析し解釈に妄想があってはならない。言いかえれば、**見えているものには現実的に、見えざるものに対してはポジティブな妄想をというのが私の言いたいところだ。**

また、見えざるものに対する妄想力がなければ、新しいビジネスなど挑戦できないであろう。多くの起業家が強い思い込みのもとで事業を始めている。**失敗するのは、思い込みが独りよが**

**りであったり、現実性のないものであったりする場合だ。**

こう考えるとポジティブな妄想といっても、許容されるのはある枠内での話になろう。ちょっと矛盾した言い方だが、**妄想にもバランス感覚が必要**なのである。

では、どうしたらポジティブな妄想力をつけることができるのであろうか？

一つには**過去のネガティブな経験からの決別**である。人間は自分の過去を将来へ向けて投影する心理がある。過去がポジティブであった人は良いが、挫折や苦労をした人は将来に対してネガティブな妄想を描きやすい。世界観とは過去・現在・未来のものごとの認識であるとすると、将来にネガティブはイメージを投影するなら世界観も暗くなる。どうせ神のみぞ知る将来なんだからポジティブに妄想しようではないかということである。

二つ目に**ネガティブな世界観を持った人間と距離を置く**というのがある。どのような世界観を持っていても個人の自由だが、人間はつきあうと無意識に波長が合ってくるものである。ネガティブな人と波長が合ってしまっては、自分の人生も暗くなる。

経営者が孤独と不安から開放され、精神的に健康でエネルギッシュに活動するために、妄想力というものを再度考えてみたいところである。

# 70 「競争」から「狂騒」、そして「共創」の時代へ

意外に知られていないが、「**競争**」という言葉を作ったのは福沢諭吉である。西洋の文化を学び、competitionという言葉の概念を知った。しかし、当時の日本にはこのような概念がなかったのである。

それ以前の日本は、「**共層**」の時代であった。すなわち、階層間の区切りは明確であった。でも、同一階層における競争の概念はなく、ともに争うことなく共存共栄をしていたのだ。明治初期に西洋から競争の概念が持ち込まれ、今に至っているわけである。すべての原動力は競争の原理で説明され、誰も疑うことなくそれに従っているのだ。

ところで、資本主義の成熟化とともに競争の原理は公理として変化しないのであろうか？

私はこれに少し疑問を持っている。競争ということは互いに戦い、互いの体力を消耗するので

ある。これはものすごいエネルギーのロスであろう。もっともエネルギー消費量を抑えて最大限の生産性をあげるのがエコロジーである。

競争が激化した結果はどうなるか？　より体力があるものが勝つのである。そこには弱肉強食の世界があるだけだ。強き者、賢き者が弱き者や愚かな者を食い物にする世界が本当に良き世界なのであろうか？

経営においても、これまではいかに競争に打ち勝つかを考えてきた。体力的に競争に勝てないときは、自社の商品を差別化して競争を避けることを戦略としてきた。体力的に勝てなければ知恵で競争を避けるしかないのは言うまでもない。

しかし、企業の生産性が上がり、情報も容易に得られる時代になると、**〝差別化〟という〝競争を避ける戦略〟が難しくなってくる**のも事実である。自社が考えたことは、すでに他社が考えて実行に移されていることが多い。

したがって、ほとんどの場合は差別化による競争回避ではなく、競争環境での戦いとなる。体力のある強者はより強くなり、弱者はより弱い立場に立たされるのだ。企業間での格差社会の到来である。すべての企業が競争に巻き込まれ、企業は少しでも相手に対して優位となることに**〝狂騒〟**するのである。

しかし、企業間の格差は労働者の格差を生み、社会全体の健全な緊張感はなくなっていくことが懸念される。弱者の立場に立ったら、現代の競争環境では、強者になることは難しくなるからだ。競争環境は一定の緊張感を与えるという意味で、社会の進歩に貢献してきた。ヒト・モノ・カネで優位に立つ者だけに利益が与えられるということはなかった。差別化や新規ニーズの開拓という知恵で、これを乗り越えることができたのだ。

しかし、社会のインフラは劇的に変化した。競争に狂騒し、余裕のないメカニズムの中で生きるしか道がなくなってきている。しかしながら、**マクロの視点に立つと、こうした時代はいつか終焉を迎えるのである。**いつの時代も人々が共存共栄できるシステムが求められるからだ。

では、次に来る時代はどんな時代であろうか？　私は「**共創**」の時代だと予感している。**同じ業界の中でミクロな視点で戦いあうのでなく、業界として共存共栄ができるビジネスモデルを創造する時代**である。**業界というマクロな視点から最適なビジネスモデルを創り上げ、企業はともに発展する社会**である。

そのためには業界に強いリーダーシップを持つ人材が必要かもしれない。こうした優れたリーダーが現れるのを待つ次第である。

# 71 例外的なことに柔軟に対応できるのが、日本人の強み

時々、近所のコンビニから宅配便を出すことがある。たいていは小さな小包だ。ご承知のように、宅配便の料金は重さと大きさで決まる。最低料金は2キロ以下、60センチ以下のものだ。ところが２００グラムで20センチ以下の荷物を持っていっても、若い店員は、いちいち重量秤にかけ、メジャーで長さを計るのである。これはあきらかに**マニュアル思考**しかできなくなっているのだ。マニュアル思考とは、一種の**パターン認識**である。パターン認識は思考を伴わない。笑い話のようなものであるが、パターン認識の速さを測る知能検査のようなものを人材採用のツールとしている企業にとっては笑える話ではない。

マニュアルのパターン認識は、**サービスの均質化**を目的に行われている。しかし、均質化とは、すぐさま良質を保証するものではない。**状況判断のできる柔軟な対応能力こそが、サービ**

**スの質を決定する**のだ。

私は特にサービスの均質化を否定しようとしているのではない。**それが行き過ぎた結果、従業員が例外的な状況に対応できない思考回路に陥っている点を懸念している**のだ。

マニュアル化とパターン認識はもっとも能力のない社員でも一定の質のサービスを提供できるというメリットがある。しかし、その反面、**それを徹底すると思考構造がすべてマニュアル化とパターン認識になってしまう危険**があるのだ。したがって、**こうした教育をする一方で、状況対応能力の教育も必要**であろう。

成熟したビジネスパーソンからは、「そんなことは当たり前だろう」とお叱りを受けるかもしれない。しかし、多くの若者にとって状況対応能力は当たり前の能力ではなくなってきている。それは、生まれたときから高度にマニュアル化された世界に住んでいるからである。

最近は品質に対する認証取得が流行である。多くの企業がサービスに関する認証を取得することで良質なサービスの提供を謳っている。

しかし、実際に認証を取得してサービスの質が向上したかに関しては、少し疑問だ。手間とコストをかけて、効率性も犠牲にしている会社もある。さらに**例外的な状況に対応しづらくなったために、本来の目的であるはずの顧客満足を達成できない事態になってきている会社もあ**

**る。**

マニュアル化とパターン認識のための認証など本当に必要なのだろうか。本当に良いサービスを提供したならマーケットは公正に評価してくれるのではないだろうかと思っている。こうした認証システムは欧米のマネジメントでは普通である。しかし、**例外的なことに柔軟に対応できるのが日本人の強みではなかったのか。**

ところで話は変わるが、ヒトとチンパンジーはＤＮＡが98％共通しているらしい。また、生物学的に見るとヒトとチンパンジーとの距離は、チンパンジーとゴリラの距離より近いということだ。そして、チンパンジーは〝短期記憶能力〟と〝パターン認識能力〟においては、ヒトより優れている。でも、いろいろな要素を組み合わせる思考能力において、チンパンジーがヒトより格段劣っているのは言うまでもない。一定の行動をさせるのにエサというモチベーションだけでよい。報酬はバナナだけでよいのだ。

もう少しチンパンジーが進化してくれたら、非常に使いやすいスタッフになってくれるだろう。**経営者は社員にチンパンジーの調教のような教育をしていないか再考すべき**ではなかろうか？

# 72 結果（目標）をまず認定し、そこから原因（方法）を考える

「果因の法則」というものがある。「因果の法則」の書き間違いではない。通常は物事の結果は原因があって結果があると思われている。これは、時間という要素を入れたらそうなるだけだ。

ちょっと想像してみて欲しい。10年という時間を0・0001秒に短縮してみたらどうなるか？　原因と結果が同時に起こっているように思える。さらに時間という概念を外すと完全に結果と原因は同じものだ。

なぜこんなことを言っているかといえば、要するに、結果を変えることができれば、原因も変わるのではないかと思うからである。結果を変えるとは非常に妙な言い方だが、**目指す結果を変えると、それに伴って原因が変わってくる**からだ。

**どこに結果を置くかによって、認識するものが違ってくる。**そして、結果が原因を引き寄せてくるのだ。**人間は意識しているものだけが目に入るようにできている。結果に必要な原因は、意識していないと集めてこられないのだ。**

人間は無意識に〝意識〟しているものだけを見る。見ることなしに集めてくることなどできない。

私の話で恐縮だが、昔、妻が妊娠したときのことである。それまで、まったく気づかなかったのだが、街でやたらと妊婦を見かけるようになった。しかし、別に妊婦が急に増えたわけではない。これまで自分の意識（無意識？）になかったので気づくことがなかったのだ。それが妻の妊娠に伴って、無意識の中で妊婦への関心が増えたのであろう。

わかりづらい話であるが、**意識にしろ、無意識にしろ〝意識〟しないものは見えないのだ。**つまり、**結果をどこかで意識しないと原因を見ることはない**ということだ。**原因とはチャンスである。これを認識して取り込むことで結果を出せるのだ。**

昔見たテレビで一流のバレリーナのコーチが「一流のバレリーナになる一番の秘訣はなんですか？」とのインタビュアーの問いに対して次のように答えていた。

「強く欲すること」

**結果を強く欲することなしに、結果をもたらす原因を作ることはできない**ということである。時間というものは場合によっては、人間の認識を狂わす。どういうことかと言えば、まず原因があって、ロジックがあって、結果があることが論理的であると思うからである。そして論理的なことは完全で否定されないという認識をしている人がほとんどだ。

しかしながら、**世の中は、まず結果ありきの世界も多い**のだ。もっとも論理的であると思われている法律の世界でも、法律があって結論があるのではない。まず結論があってそれを論理的に導く法律を探す。これを法律構成という。パチンコでもリーチの演出があって確率で大当たりをするのではない。当たっているから、リーチの演出が起こるのだ。

物事に順序をつけるのに時間という要素は必須である。しかし、物事の本質を洞察するときは、間違った認識をさせることもあるのである。

**時には物事の時間の概念を外し、物事の順序を変えて、再度考えてみることも面白い**。結果がまずありきという認識ができれば、実現したい目標を強く意識することの重要性がいっそう認識できるのではなかろうか?

# 73 良いことを両立させることが、利益を生む知恵

オフィスに縁起物を飾る経営者は少なくない。私も鎌倉に遊びに行ったとき、お土産屋さんで招き猫を目にした。よく見ると、右手を上げている猫と左手を上げている猫がある。店員に両者の違いを尋ねてみた。

説明によると、右手を上げている猫は「金運を招く」、左手を上げている猫は「人を招く」という違いだそうだ。どちらを買おうか迷っていたら、妻から「右！」という声が飛んだ。そういうわけで、右手を上げた猫を購入してしまったのだ。

最近では両手を上げている招き猫も売っているようだが、昔は存在しなかった。

**我々は無意識のうちに、「良いことは両立しない」と思っている**のだ。なにかを得るためには、なにかを犠牲にしなければならないということを小さいときから無意識に刷り込まれているのである。勉強するためには遊びを犠牲にしなければならない。お金のためには好きなこと

を犠牲にしなければならない。利益を得るためには従業員を犠牲にしなければならない。考えてみるといろいろな例が出てきそうだ。

しかし、本当に良いことが両立しないというのは、まったく論拠のない考え方であろう。むしろ**良いことを両立させることが利益を生む知恵**である。

良いことが両立しないという考え方の理由のひとつには、日本人の国民性もあるのだと思う。多くの日本人は「安い商品は品質が劣るに違いない」と思っている。反対に「商品が高ければ、それだけの品質がある」と思うのだ。しかし、このことをアメリカ人に説明すると、多くのアメリカ人は〝安くて品質の良い〟ものは存在していて当然だと思うようだ。

私はこうした日本人のメンタリティに〝ブランド〟商品がよく売れる理由が隠れているのではないかと感じている。しかし、現実を見てみると〝安くて品質の良いもの〟は多く存在している。ユニクロのようにそうした商品で高収益を得ている企業もあるのである。

何を言いたいかといえば、**良いことを実現するには妥協は禁物である**ということである。妥協をした時点で思考は狭くなり、本当に良いことばかりある商品は作れなくなる。経営者は常に良いことを両立させることを考え続けなければならないのではなかろうか？　非常識に感じることも、考え続けることで、ある日突然になんらかのヒントが得られるかもしれない。前提となる考え方を全部崩さなければならないこともあるだろう。

しかし、常に考えることで思考を建設的に破壊できるのなら、それも有意義なことだと思う。

**ものごとを変革する能力は、自分の意識に刷り込まれた概念をなくす能力**である。

言葉を変えれば、**既存の意識では、既存の〝常識〟しか生まれない**。これでは、本当に強い会社は作れないのである。

ところで「金運を招く」右手を上げている招き猫を購入した後に「ご利益」があると思っていたら、1週間後に泥棒に入られ、かなりの損害を出してしまった。招き猫のドタマを金槌で叩き割ってやろうと思った。

しかし、両方の手を上げた招き猫を買わなかったことを反省し、今でも私の事務所の隅に座っている。両手を上げた招き猫はどこかに売られているのだ。

# 74 人間のパーセプションを理解することが儲けの秘訣

英語にperception（パーセプション）という言葉がある。しっくりくる訳語がないのだが、しいて言えば、〝**感覚による認識**〟ということになろうか。

人間の世の中での活動はすべてパーセプションゲームなのだと言い切ることもできるかもしれない。要するに**世の中の動きは論理ではなく非常に感覚的な要素が多い**ということだ。パーセプションはあくまで感覚的なものなので、論理とはまったく別物なのである。

たとえば、旨い寿司ネタを考えてみても、ほとんどが高価なものばかりだ。高価なネタが本当に旨いのか？　ワインにしても高級ワインと呼ばれるものは、たしかに美味しく感じられる。寿司やワインに限らず、いろいろな食品を考えても、〝旨い〟ものは〝高い〟ことが多い。

しかし、論理的に考えると「〝旨い〟という事実」と「〝高い〟という事実」の因果関係があるとは思えない。安いものでも旨いものは旨いのだ。

パンダはかわいいと人は言う。そして、わざわざお金や時間を使ってまで見物に行ったりする。たしかにパンダは珍しい。しかし、〝珍しい〟ということと〝かわいい〟ということとの因果関係もあるとは思えない。

近所の野良猫のほうがよっぽどかわいいかもしれないのだが、お金と時間を使って見ようとは思わない。しかし、パンダだけがかわいいわけではないのだ。かわいい野良猫もいるのだ。

学歴が良かったり、難関資格を保有したりしていると地頭が良いと人は思う。しかし、その人は単に努力家であって、地頭が良いという保証は何もないのだ。努力して一定の知識をつけたことを学歴や資格で証明しているにすぎない。

なにが言いたいのかといえば、**いかに人間のパーセプションは論理的ではないか**ということである。人間のパーセプションとは、所詮は〝**脳内の合理化**〟である。「〝高い〟ものは〝旨く〟なくてはならない」「〝希少〟なものには〝価値〟がある」といった合理化が起こるわけだ。どうも人間の頭は合理化ができないと居心地が悪くなるような仕組みらしい。

ブランド品も高いから売れる。たしかに品質は良いものが多いが、値段に見合うだけの品質があるかは疑問だ。ブランド品の実際の製造原価を知ったら、ほとんどの人が驚くであろう。

モノやサービスにおけるマーケティングにおいてパーセプションの概念は非常に大切だ。**どのようなパーセプションを顧客に持ってもらうかが勝負**である。

たとえば、飲食業で高級イメージを出すために、食材の一つひとつが吟味されているようにウンチクを語って客に提供しているところがある。いろいろなウンチクを聞かされると、なんとなく普通の料理とは違うのかなと思ってしまう。さらに、微妙な味の感覚が旨さに思えたりするのだ。これなどは、人間のパーセプションを巧みに利用した例だ。人間は舌でだけ味わっているのではなく、頭でも味わっているのだ。

こうして考えると、**人間のパーセプションという性質を巧みに使うことが、儲けの秘訣となる**ことがある。パーセプションの問題に関しては、再度考えてみたいテーマであろう。

# 75 自然の摂理を無視したビジネスは必ず失敗する

ビジネスを行う上で常に意識しておかなければならないのは、〝**自然の摂理**〟だ。〝自然の摂理〟を無視したところでビジネスをやろうとしても成功するビジネスモデルは描きにくい。

〝自然の摂理〟と言えば難しく聞こえるが、非常に簡単なことである。それは、「もし、この世の中に法律や規制がなくなったらどんなことが起こるか？」ということを想像すれば、誰でも簡単にわかることである。

経営者に問いたい。この世の中から法律や規制がなくなったら、どのように経営をしますか？

人員を好きなように切り捨てる、給与を従業員が辞めない水準まで切り下げる、商売につながる相手に賄賂を贈る、不良品をうまい宣伝で高額で売りつける、支払いは相手が暴力的な手段に出るまで行わない、などなど悪いことを考える経営者もいるかもしれない。

そこには、欲望に基づく弱肉強食の阿鼻叫喚《あびきょうかん》地獄がある。そうした地獄絵の世界を避けるために法律や規制があるのである。もっとも、法律や規制もそうした状況から人々の幸福を守るという〝自然の摂理〟であるが。こんなことは、小学生でもわかる理屈だろう。

なぜ私がこんな馬鹿げたことを書いているのかと言えば、**世の中の底流にはそうした強い〝自然の摂理〟が流れていることを再認識する必要がある**からだ。

ものごとは放縦すると人間の欲望をかなえるという〝自然の摂理〟に流れていく。一方、人間は全体最適の視点から幸福を求め法律や規制を作る。これも〝自然の摂理〟だ。この2つの〝自然の摂理〟のバランスの上に我々の生活は成り立っているのである。

要するに**欲望と規制のバランス**である。**このバランスの上にのみビジネスは成り立つのである**。規制が緩むと欲望の世界がはびこる。規制が厳しくなると社会の原動力が失われる。時代背景によって両者の関係は変化しているのだ。

そして、**規制と欲望を画する線の周辺にビジネスチャンスがあることが多いのも事実**であろう。時代と共に変化するこの線を経営者が認識しているかどうかが問題なのである。

ある会社の話である。

この会社は社会的な弱者を対象とした人材紹介・派遣事業を始めた。社会的な弱者を助けるという崇高な理念は尊敬に値する。社会的な意義もあり、個人的にも応援をしたい会社だ。しかしながら、現実はうまくビジネスになっていない。社会的な弱者を雇いたいという企業はほとんどないのだ。企業が欲しがるのは、給与以上に貢献してくれる強者なのだ。企業の欲望を叶えてくれる人材のみ欲しいのである。

こうしたコンセプトの事業は、これまでいろいろなところで立ち上がったが、成功した例は残念ながらまったくない。これは、明らかに〝自然の摂理〟を無視したビジネスだからだ。法律で弱者をどうしても雇用しなければならないという規制でもあれば、そこにビジネスチャンスも生まれるだろう。しかしながら、現在においてはそうした規制は身体障害者ぐらいしかないのが実態である。

これはほんの一つの例に過ぎないが、〝自然の摂理〟を無視して、理念的な概念でビジネス展開を行う例は枚挙に暇がない。

**〝当たり前〟のことだが、〝当たり前〟であることの再認識が必要であることもある**のだ。**常に無意識に判断することを意識的に考える習慣が必要**だと思っている。

# 76 認識の相対性の理解が新しいパラダイムへの対応を生み出す

ある企業の社長とお会いしたときの話である。社長いわく、

「うちの社員で本当に優秀でバリバリと働くのは10％ぐらいで、残りの奴らはたるんだ連中ばかりだ！　こんなことでは日本企業は国際競争力がなくなるよ。なんとか全社的に活力を与える人事制度を構築せんといかんな。いままで人事制度が手薄だったな」

それに対する私の返答。

「でも社長、御社の営業利益を見るとかなり良い数字じゃないですか？」

それに対して社長。

「残りの社員がもっと働けば、さらに業績が上がるよ」

こうした問答をしているうちに、私は「ちょっと待てよ？」と思ってしまった。

90％の社員がたるんでいるというのは社長の主観である。利益の数字を見ても立派なものだし、ひょっとしたら、みんな頑張っているのだが、ことさら10％の人がすごい能力を発揮しているのかもしれない。そうであれば、この状態は好ましい状況ではないのか？　無理に労働強化をするような人事制度を導入するのはいかがなものかと思ってしまったのだ。実際に社内を見ても緩んだ空気は感じない。

もっとも、私はその会社の内部のオペレーションを詳しく見ていたわけではない。あくまで直感的な印象である。

私がなにを言いたいのかはもう察しがつくであろう。つまり、**経営状態の認識とは常に相対的**なのだ。この相対性は考え方の違いから来ている。事実をどのように認識するかが違うのだ。**認識が違えば、とるべき行動も違ってくる**。つまり、この世に絶対的な認識など存在しないのだ。花瓶を誤って割っても、そもそも割れるようなところに花瓶を置いておくのが悪いという考え方もあるのだ。業績が不振でも、経営者の能力に問題があるとも言えるし、外部環境に問題があるとも言えるのである。**物事の本質を考えるにおいては、常にこの相対性を意識しておく必要がある**と思う。

しかしながら、**物事を認識し具体的な行動をとろうとすると、必ず価値観の軸足をどこかに**

**置かねばならない。**そうでなければ、物事を判断することはできなくなるからだ。

どのような価値観を持つかは個人の自由である。しかし、他人の自由も尊重しなければならない。問題なのは、自分の価値観が唯一絶対であると思ってしまうことである。**物事の相対性が認識でき、どういう価値観に軸足を置いているかをあえて意識する必要がある**のだ。

しかし、こうした意識を持っている人は意外に少ないのではないかと思っている。こうした認識の相対性を理解するのに必要なのは、謙虚さと他人の考え方に対する尊重であろう。いつも一本調子で自分の価値観を押し付ける人もいるが、こうした人は間違いなく認識の相対性に気づいていない。

なぜ私がこのようなことを書いているかといえば、**認識の相対性を理解することは、新しいパラダイムに対応できる思考が養える**と思うからである。**量的ではなく、質的にまったく異質なビジネスモデルに対応するには、柔軟な思考回路が必要**なのだ。そうでなければ、未来志向で新たなビジネスに対応できない。私自身も過去の経験が自分自身の思考の柔軟性を阻害していないかと常に反省している次第である。

# 77 問題の本質が本当にわかれば、解決策は自ずと見えてくる

私は仏教徒ではないが、仏教には物事の真理を表す言葉が多い。世の中のすべての苦しみは**無明**《むみょう》（実態がわからないことから来る迷い）から来ると言われている。

少し深い話になるがよく考えてもらいたい。この世の中は、わかるだけで解決策を案ずることなく自然に解決されるような問題がほとんどなのである。ちょっと信じがたい話かもしれないが、**どんな問題も構造的に本質がわかれば、あとはなんの努力もしなくても自然に解決してくれる**のである。中途半端にしかわからないから苦しむのである。

経営コンサルティングは通常、企業に対して課題抽出を行い、それに対する具体的な解決策を立てる。そしてその解決策の実行支援をするのである。そして、多くの経営者が課題抽出ではなく、具体的な解決策をコンサルタントに求めるのが一般的である。

しかし、私はいろいろな経験をするうちに、**本当に大切なのは課題抽出ではないか**と思うようになった。**経営課題を構造的に正確に掌握できていれば、コンサルタントがいなくても経営は改善する**のである。中途半端な課題抽出しかできていないから、何をやってよいのかわからないのではないかと思う。そうした中途半端な課題抽出しかできない経営者に限って、具体的な解決策をコンサルタントに求めるものである。

口だけ達者で実行力のない社員を「評論家」と言って、経営者は嫌う。ほとんどの場合は、表層的な中途半端な評論をするだけで戦力にならないケースであるので、経営にとって百害あって一利なしであろう。

しかし、**本当に物事の本質を構造的に分析し、他人に理解させることができる社員がいるとしたら、経営者はその声に耳を傾けるべきであろう**と思う。「評論家」も一流になれば、経営に対する効用があるものだ。

なぜ、問題の本質がわかれば具体的な解決策がいらないかと言えば、**わかればどうすれば良いのか見えてくるのが自然の理**であるからである。わかるとは、物事がいわば立体構造で見えてくることである。**個々の事実を抽象化し、これを分解して、構造的に組み直す作業**である。

これは経験よりも地頭の良さが問われることかもしれない。老人より若者の方が得意とする分野である。なぜなら抽象思考と論理力を伴うことであるからだ。

数学者の定年は30歳と言われる。30歳以降は過去の業績で食っていくという世界も存在するのだ。

**問題の本質がわかるだけで物事が自然に解決するというのは、経営に限ったことではない。**

我々の人生における様々な試練もそうである。わかった瞬間に霧が晴れるように解決するのだ。

人間は、それがどんな未熟な考えでも、わかったつもりになる動物である。そして評論をする。

私も含め、本当に物事がわかっているのか自分に問うクセをつけたいものである。

# おわりに

いろいろなテーマを取り上げたが、読者の感想はどうであっただろうか？　多少、常識から外れた考え方だと思われる箇所があったかもしれない。たかが一冊の本である。異質な「思考」に触れ、読者の新たな「気づき」が一つでもあれば、本書の目的は達したと思う。

「思考」を通じて「気づく」というクセをつけると、自分の会社を見る目が大きく変わってくる。「気づき」の多い人はより多くの真実が見えるのだ。現代は、流されると非常に危険である。常に自分の頭で考え、「気づき」を蓄積していかなければ生きていけない。

「思考」と「気づき」こそが、利益の源泉なのだ。たとえ、それが常識としては逆説的であっても、自社にとっての真実だと認識してもらいたい。

また、「気づく」とは、物事の本質が見えるということでもある。世の中にはいろいろな人がいるが、同じような「気づき」を持った人が集まるという法則があるようだ。これは私自身が最近気づいたことでもあるのだが、「気づき」が多いと人間関係も変わるし、人生そのものも変わってくるのではないかと思えるようになってきた。いくら逆説的であっても、真実は絶対的な摂理である。真実が見えてくると、常識とは「過去の偏見」に他ならないことに「気づく」だろう。

「気づき」の多い人は、体から発せられるオーラが違うのではないかとさえ思える。テレビ・新聞・雑誌等といった外部からの情報源だけを素直に吸収して世界観を作っている人は平時はそれで幸せかもしれないが、本当に苦境に立ったときにこれを乗り越える力は、自らの「思考力」と「気づく」力なのである。

私は子供のころから批判精神が非常に旺盛であった。先生から「素直になれ!」と叱られたものである。でも、よく考えればこれは「俺の言うことを素直に受け入れろ! 自分の考えを持つな!」と言われているのと同じである。私は自分自身に対しては素直だったつもりである。

なんの疑念も持たずに物事を受け入れ、自らの頭で「気づき」を得たことのない人たちが、どのような人生を歩んだかは、少しばかり歴史を振り返れば自明であろう。私はとにかく読者に考えるクセを身につけてもらいたいと思っている。それが個人の幸福追求とともに社会をよくする原動力となるだからだ。

もし、本書を読んで、異質な思考方法に対してなんらかの「気づき」を得たことがあれば、ぜひ、ビジネスだけでなく、普段の生活のあらゆる局面で応用してもらいたい。市場にあふれている本のほとんどが、著者の自説から読者が共感を得るようなものなので、本書のように必ずしも共感を目的とせず、単に考えるネタを提供するだけの本が世の中に受け入れられるかどうかわからない。しかし、これも私の「気づき」に加えられていくであろう。

大切なことなので最後にもう一度言う。〝常識〟とは過去の一般的合理性であり、自らの「真実」は「思考」と「気づき」によってのみ姿を現すものである。

本書の読者に対して、本書を手にしていただいたことを本当に感謝している。

２０１４年２月吉日

菅　正至

【著者紹介】

## 菅 正至（すが・まさし）

シーガルコンサルティンググループ代表
1958年生まれ。1984年慶應義塾大学経済学部卒業。朝日新和アーンストアンドヤングコンサルティング株式会社国際部マネジャー、日本オリベッティ株式会社経営管理室長、データクラフトジャパン人事本部長などを歴任し、2006年に経営コンサルタントとして独立。これまで、国際ベンチマークスタディ、グローバル企業のマネジメント手法を日本法人に導入するなどの世界規模のプロジェクトに数多く参画し、「欧米型マネジメント」と「日本型マネジメント」に精通する。価値の源泉としての「知」の研究もしており、日本ナレッジマネジメント学会会員。経営理論中心の企業コンサルティングおよび講演を行う傍ら、中小企業診断士として中小・中堅企業の実務的な経営支援も行っている。

〈連絡先〉
URL：http://www.suga-office.com/
Mail：sugamm@jcom.home.ne.jp

元NO.1外資系コンサルタントが教える
**逆説の思考**

2014年4月2日　初版発行

著　者　菅 正至
発行者　野村直克
発行所　総合法令出版株式会社
〒103-0001　東京都中央区日本橋小伝馬町15-18
常和小伝馬町ビル9階
電話 03-5623-5121（代）

印刷・製本　中央精版印刷株式会社

落丁・乱丁本はお取替えいたします。

ISBN 978-4-86280-399-3
総合法令出版ホームページ　http://www.horei.com/